Raide Essl

Hans Jellouschek
Die Rolle der Geliebten in der Dreiecksbeziehung

Hans Jellouschek

Die Rolle der Geliebten in der Dreiecksbeziehung

Kreuz

Neuausgabe (9. Auflage)
des Titels
Hans Jellouschek
Semele, Zeus und Hera
Die Rolle der Geliebten in der Dreiecksbeziehung
Reihe »Zauber der Mythen«
© Kreuz Verlag AG Zürich 1987

1 2 3 4 5   99 98 97 96 95

© Kreuz Verlag AG Zürich 1995
Postfach 245, CH-8034 Zürich, Tel.: 01-4225553
Gesamtherstellung: W. Röck, Weinsberg
ISBN 3-268-00183-1

Inhalt

Eine olympische
Dreiecksgeschichte

Die griechisch-römische Mythologie überliefert uns durch mehrere Autoren des Altertums[1] folgende Geschichte:

Göttervater Zeus liebte die sterbliche Semele, die Tochter des thebanischen Königspaares Kadmos und Harmonia aus dem Geschlecht der Agenor, und unterhielt mit ihr – verborgen in menschlicher Gestalt – ein heimliches Verhältnis. Die rechtmäßige Gattin des Zeus, die Göttin Hera, kam jedoch dahinter. Eifersüchtig sann sie auf Rache, nahm die Gestalt von Semeles Amme an, verschaffte sich unerkannt Zutritt zum Königspalast und redete Semele ein, sie würde göttliche Ehren erlangen, wenn sie Zeus dazu veranlaßte, sich ihr in seiner göttlichen Gestalt zu zeigen. Semele fiel auf diese List herein. Sie überredete Zeus, ihr die Erfüllung eines ungenannten Wunsches zuzusichern. Zeus ging darauf ein, und sie verlangte von ihm, sich ihr in seiner wahren Gestalt zu zeigen. Zeus fühlte sich durch sein göttliches Wort gebunden und betrat beim nächsten Mal angetan mit dem Zeichen seiner göttlichen Macht, den Wolken, dem Regen, den Winden, dem Donner und mit seinem unentrinnbaren Blitzstrahl, Semeles Gemach. Diese vermochte der göttlichen Gewalt nicht standzuhalten und verbrannte an seinem Blitz. Der sterbenden im sechsten Monat Schwangeren schnitt Zeus das Kind aus dem Leib und pflanzte es sich in seinen Schenkel, um es dort bis zur Geburt auszutragen. Dieses Kind war der Gott Dionysos, der Semele aus der Unterwelt befreite und mit ihr, der unsterblich Gewordenen, zum Götterhimmel emporstieg.

Dieser Geschichte begegnete ich 1985 in Gestalt der Oper »Semele«, von Georg Friedrich Händel, in einer hinreißenden Aufführung der Ludwigsburger Festspiele. Händel hatte für die Komposition ein Textbuch verwendet, das auf den zu seiner Zeit bekannten englischen Dichter W. Congreve (1670–1729) zurückging, der die Geschichte mit Hilfe weiterer mythologischen Materials aus anderen Zusammenhängen ausgestaltet und mit einer Vorgeschichte versehen hatte.

Diese Vorgeschichte erzählt, daß die Königstochter Semele von ihrem Vater Kadmos dem Prinzen Athamas versprochen war. Von diesem wollte Semele jedoch nichts wissen, sie flehte Zeus um Rettung an und wurde von diesem in Gestalt eines Adlers entführt und an einen geheimen Ort gebracht, wo die beiden ihrer Liebe leben konnten, bis die Affäre von Hera aufgedeckt wurde.[2]

Schon während der Aufführung der Oper drängte sich mir der Eindruck auf, daß hier nicht bloß eine uralte, aber belanglose Geschichte erzählt wurde, deren einziger Zweck es war, Anlaß für Musik und schönen Gesang zu sein. Schon Händel und sein Textdichter sahen in der Geschichte einen durch die damaligen Vorgänge am englischen Königshof höchst aktuellen

Konflikt widergespiegelt: den Konflikt zwischen Tugend, Vernunft und Staatsräson einerseits und der spontanen Liebe und Leidenschaft andererseits. In Zeus sollte der englische König Georg II. sich selbst erkennen, in Hera seine Gattin und in Semele seine bevorzugte deutsche Mätresse.[3] Der Regisseur der Aufführung wies auf diese Aussageabsicht der Autoren hin, indem er die Figuren der Geschichte in Kostümen des 18. Jahrhunderts spielen ließ, weitete diese Deutung aber ins Allgemeinmenschliche aus. So rollte auf der Bühne vor meinen Augen ein hochaktuelles Drama ab, dem ich erst unlängst in meiner Arbeit begegnet war: das Drama einer Dreiecksbeziehung. In Zeus, dem incognito auftretenden Göttervater, sah ich plötzlich den Manager einer großen Firma, der mir im Beratungszimmer gegenübergesessen war, den erfolgreichen Mann, Familienvater, tüchtig und erfolgsbewußt, aber jetzt verstört und zutiefst erschüttert, weil die Geschichte mit seiner Mitarbeiterin, die jung, hübsch und sympathisch war wie Semele, aufgeflogen war. Seine Frau war ihm an Stärke und Tüchtigkeit ebenbürtig, sie war eine wahre Hera, eine Schutzgöttin der Ehe und der häuslichen Ordnung, und sie war jetzt tief verletzt und drohte mit Rache, wenn er die Beziehung nicht sofort beenden wollte. Wie Zeus und Hera lagen die beiden im Kampf miteinander, und die Geliebte stand wie Semele dazwischen: so mächtig wie sie, was die Gefühlswogen anging, die sie erregte, und so ohnmächtig wie sie, weil sie eben doch als »Sterbliche« keinen Zutritt zur »olympischen Welt« hatte, in der die beiden »Götter« ihren Streit ausfochten.

9

Viele ähnliche Beziehungsdreiecke kamen mir in den Sinn, denen ich in letzter Zeit begegnet war – in meinem Bekanntenkreis und in meiner Arbeit als Paartherapeut, und so wie die Oper endete, so endeten auch viele dieser Beziehungsdreiecke: Die Geliebte mußte sterben. Die Ordnung war wiederhergestellt, Hera hatte gesiegt, Zeus war wieder ihr Gatte. In Anspielung auf die ehernen Gesetze der Newtonschen »Weltmaschine« vergleichen Händel und sein Textdichter Semele, die Geliebte, mit einem Kometen, der kurze Zeit aufflammt und dann im All verglüht, um der beständigen Ordnung der Gestirne wieder Platz zu machen. Der Chor singt am Schluß der Oper: »O Grauen, entsetzliche Ernüchterung und Betroffenheit! Uns ist bestimmt der Weg von der Natur. Doch den Verführten treibt es aus der Spur. Wirft uns das Los aus der richtigen Bahn, verbleibt von unserem Ziel nur Rauch und Wahn.«[4] Der Konflikt war eindeutig zugunsten der Institution Ehe, der Ordnung und der Vernunft entschieden. Aber hatte in Wahrheit nur Semele, hatten nicht auch Zeus und Hera verloren? Die ergreifende Klage um die Geliebte, die Händel den Zeus, und die bizarre Triumpharie, die er Hera singen läßt, legten es nahe.

Zwar gab es da noch die Ankündigung der Rettung und der Geburt des Dionysos, die in der Oper dem nach Art eines Deus ex machina am Himmel erscheinenden Gott Apoll übertragen war. Von Händel und seinem Textdichter wohl symbolisch als Ankündigung des von den Sünden erlösenden »neuen Gottes« Jesus verstanden[5], wirkte sie reichlich willkürlich und von außen angeklebt, und vom Regisseur wurde sie noch dazu als glatter Hohn interpretiert, indem er das Geschehen, während der Schlußchor das neu heraufziehende »unschuldige Zeitalter« besang, in einem allgemeinen Besäufnis enden ließ. Das sollte wohl heißen: Die Ordnung war wiederhergestellt, Leidenschaft, Hingabe und Liebe, die sie stören, müssen in Ersatzbefriedigungen erstickt werden.

War das die zutreffende Deutung des Mythos? Je länger ich mich mit dem Stoff beschäftigte, desto weniger befriedigte sie mich. Ich begann, mich intensiver mit dem göttlichen Beziehungsdreieck und seinen zahllosen Variationen in meiner Umgebung zu beschäftigen. Angeregt von den Gestalten und Handlungsabläufen der Geschichte, fing ich an, mit Betroffenen darüber zu sprechen und zu diskutieren. Dabei entdeckte ich, daß es inzwischen – Zeichen wachsender Gleichberechtigung zwischen Mann und Frau – zahlreiche Beziehungsdreiecke mit männlichen Geliebten gibt, eine Spur, die ich allerdings zunächst nicht weiterverfolgte. Aber auch davon abgesehen wurde mir die unendliche Vielfalt von verschiedenen Rollen- und Beziehungsmustern deutlich, die solche Dreieckskonstellationen enthalten können. Dennoch stieß ich auch immer wieder auf Strukturen, Zusammenhänge und Abläufe, die dem Geschehen im Beziehungsdreieck Zeus – Hera – Semele sehr ähnlich waren. Das Ehepaar und die Geliebte des Mannes schienen im gegenseitigen Erleben und im gegenseitigen Zusammenspiel die Eigenschaften und Verhaltensweisen von Hera, Zeus und Semele anzunehmen. Die Beziehung der Eheleute wies oft ganz ähnliche Eigenarten auf wie die des Götterpaares, und zu dem wenigen, das mir aus der Mythologie über dessen und Semeles Vorgeschichte bekannt war, meinte ich oft überraschende Parallelen in den Vorgeschichten der am Beziehungsdreieck Beteiligten feststellen zu können.

Mir war bewußt, daß darin Projektionen am Werk waren. Oft war es der Mann, der aus eigenem schlechten Gewissen die Ehefrau erst zur strengen, nur auf Wiederherstellung von Ehre und Ordnung bedachten Göttin Hera machte, oft war seine zeusische Erhabenheit nur ein Produkt der Sehnsucht der Geliebten oder deren unwiderstehliche Sinnlichkeit eine Zuschreibung des Ehemannes aus angestauter Frustration. Die Ähnlichkeiten zu den Gestalten des Mythos entstanden aus den Überzeichnungen der Beteiligten, aus ihrer Betroffenheit und eigenen Mangelerlebnissen. Die Wirklichkeit war zumeist viel weniger erhaben und ihr Ablauf von weniger tragischer Größe.

Dennoch war mir deutlich, daß dies nur die eine Seite der Wahrheit war. Denn in solchen Phantasien und Projektionen bringen sich zugleich immer auch Urbilder unserer Seele, archetypische Gestalten und Abläufe zum Ausdruck, an denen wir alle teilhaben, mit denen wir immer und überall konfrontiert sind und die auch in den Figuren und Handlungen mythologischer Erzählungen Gestalt geworden sind. Daher stammt letztlich die Ähnlichkeit, die wir zwischen Zeus und dem Ehemann, Hera und der Ehefrau, Semele und der Geliebten entdecken.

Gerade in einschneidenden Ereignissen und an Wendepunkten unseres Lebens, wie sie gerade auch in Dreiecksbeziehungen erlebt werden können, tau-

chen solche archetypischen Gestalten und Konstellationen auf. Wenn wir darauf aufmerksam sind und uns
nicht nur mit der Oberfläche des Geschehens, sondern
auch mit ihnen, diesen archetypischen Gestalten, auseinanderzusetzen beginnen, eröffnen sie uns oft auch
in sehr schwierigen Situationen neue Sinnperspekti-
ven. Geschieht das nicht, wird die Chance dieser Krise vertan, wird Entwicklung vermieden, und Erstarrung tritt ein. Zweifellos stellen Zeus – Hera – Semele
nicht nur irgendein, sondern ein archetypisches Beziehungsdreieck dar, das hinter vielen unserer »irdischen« Dreiecksgeschichten auftaucht und aktuell
wird.

Eine echte Auseinandersetzung auf dieser Ebene
wird freilich meistens vermieden. Viel häufiger werden Beziehungsdreiecke tabuisiert und moralisch verurteilt, oder aber sie werden zum Normalfall erklärt.
Dadurch aber bleibt eine echte Auseinandersetzung
aus.

Die erste, die »konservative« Vorgangsweise vermeidet die Auseinandersetzung durch Schuldzu-
schreibungen und moralische Verpflichtung. Die Geliebte oder der Ehemann sind eben schuld, und er, der
Mann, hat wieder zur Familie zurückzukehren (oder
für bessere Geheimhaltung zu sorgen, eine Meinung,
die in dieser konservativen Haltung oft erstaunlich
selbstverständlich Platz hat). Die Sprache verrät, wie
abwertend und menschenverachtend diese Haltung
ist: Der Mann »betrügt«, »geht fremd«, macht einen
»Seitensprung«. Die Geliebte gibt es dabei nur als
Objekt seiner Wünsche und Bedürfnisse oder als ver-
antwortungslose Verführerin. Hier wird – ähnlich wie

13

in der Oper – höchstens die äußere Ordnung wiederhergestellt, die aufgeworfenen menschlichen Fragen aber werden nicht einmal berührt.

Daneben finden wir aber heute auch mehr und mehr einen toleranteren, »progressiven« Umgang mit Dreiecksbeziehungen. Immer häufiger wird das Dreieck auch unter den Betroffenen offen gemacht und – sogar zu dritt – diskutiert. Versuche werden gemacht, sich Außenbeziehungen zeitweise oder auch auf Dauer gegenseitig zu gestatten, und man begegnet sogar den verschiedensten Versuchen, in Frieden zu dritt zusammenzuleben.

Dabei werden zweifellos wichtige Erfahrungen gemacht. Entwicklungsprozesse können sich entfalten und werden nicht sogleich im Keim erstickt. Dennoch habe ich manchmal den Eindruck: Wie die »Moralischen« es sich zu einfach machen mit ihrem Schwarzweiß-Urteil, so auch oft die »Toleranten« mit ihrer Liberalität. Diese ist, genau besehen, oft ebenso grausam gegen die eigenen und des anderen Bedürfnisse wie die Härte der Moral. Und sie bleibt genauso an der Oberfläche. Denn die sich selbst auferlegte Verpflichtung, den anderen »zu lassen« oder ihm das »eben zumuten zu müssen«, verhindert oft nicht weniger eine echte Auseinandersetzung als die bloße moralische Verpflichtung, die Außenbeziehung abzubrechen und zurückzukehren. Beide Male handelt es sich in gleicher Weise um ein Wegschieben der eigentlich aufgeworfenen Fragen. Das Ende ist dann auch oft in beiden Fällen Zynismus, Resignation und Enttäuschung, wie sie unüberhörbar auch in den Texten der Händel-Oper anklingen.

Was ich mit diesem Buch erreichen möchte, ist etwas anderes: Ich möchte Sie, liebe Leserin und lieber Leser, vor allem, wenn Sie zu den unmittelbar Betroffenen gehören, mit der Semele in Ihnen, der Hera in Ihnen, dem Zeus in Ihnen bekannt machen. Ich möchte eine Begegnung zwischen Ihnen und diesen urtümlichen Gestalten zustande bringen. Dabei weiß ich, daß eine echte Begegnung nicht einfach ist. Sie kann sogar in einen Ringkampf ausarten, so wie Stammvater Jakob am Fluß mit einem geheimnisvollen Unbekannten zu ringen hatte.[6] Es kann sogar sein, daß Sie dabei, wie dieser, Verletzungen davontragen. Aber ich weiß, wenn Sie nicht lassen davon, wenn Sie ringen »bis zum Morgengrauen«, dann werden Sie auch gesegnet sein wie Jakob. Denn die mythischen Gestalten tragen in sich die Weisheit der Jahrtausende, und die ist dazu bestimmt, uns den Weg zur Liebe zu lehren.

Brief an Hera

Hera, Du hast den Kampf gewonnen. Semele ist verbrannt, Du hast ihn wieder, Deinen Zeus. Aber hast Du ihn wirklich wieder? Er ist zurückgekehrt – aber nicht aus Liebe, sondern aus Angst und Resignation. In seinen Augen hast Du ihn gezwungen, Semele umzubringen. Er wird Dir das wohl übelnehmen und auf Rache sinnen. Was hast Du wirklich gewonnen? Vielleicht Zeit. Ja, Zeit hast Du gewonnen, und die brauchst Du auch jetzt. Denn Zeit, sagt man, heilt viele Wunden. Und Wunden hast Du wohl davongetragen, tiefe, schmerzende Wunden. Daß Du der Jüngeren, Attraktiveren gegenüber nichts mehr galtest, daß die einfach »besser« war und Du »zum alten Eisen« gehörtest, das tut weh. Und weh tut, daß all Dein Einsatz und was Ihr gemeinsam erlebt und aufgebaut habt, plötzlich keine Bedeutung mehr haben sollte, und daß da eine andere in ihm Saiten zum Klingen brachte, die Du vielleicht nie in Schwingung zu setzen vermochtest . . . Ja, Du brauchst Zeit, damit die Wunden heilen können, die diese Liebesgeschichte Deiner Seele zugefügt hat. Und wenn sie verheilt sind, was wird dann gewonnen sein?

Vielleicht der alte Zustand. Ist das Dein Ziel, den alten Zustand wiederherzustellen? War der wirklich so gut, daß er wert ist, wiederhergestellt zu werden?

Hera, Du stehst in Gefahr, Dir da etwas vorzumachen, Dir einzureden, an allem wäre nur diese Frau schuld, ihr hübsches Gesicht und ihre straffen Brüste. Du weißt wohl, daß es in Eurer Ehe, schon lange bevor Zeus darauf verrückt war, nicht mehr gestimmt hat. Schon vorher war da doch nur noch Kampf und Streit.

Aber, höre ich Dich sagen, da waren doch auch die Kinder, da war sein Aufstieg, den Du bedingungslos unterstützt hast, da war überhaupt so viel Gemeinsames, das Ihr aufgebaut habt – ist das denn nichts? Doch, das bestreite ich gar nicht, Du hast Dein Bestes gegeben und Du wolltest das Beste, und Ihr habt viel zustande gebracht, seid ja tüchtige Leute! Aber das ist nicht der Punkt. Meine Frage ist: Was ist aus Eurer Liebe geworden?

Die Frage ist Dir nicht angenehm. Bitte zähle nicht wieder auf, was Du alles getan hast, das ist wirklich immens, ich weiß es. Ich habe aber nicht danach gefragt, was Du alles getan hast, sondern nach Eurer Liebe. Wo ist die geblieben? Ist sie erstickt in all dem vielen, was ihr miteinander geschafft habt?

Sicher, er hat Dich oft allein gelassen, er hat seinen Aufstieg wichtiger genommen als Dich, die Kinder und alles andere. Deine Gefühle haben bei ihm immer weniger Echo gefunden. Ja, er hat großen Anteil daran, daß die Liebe erstickt ist. Du kannst sicher sein, daß ich auch das sehe. Aber rede Dich nicht darauf hinaus. Schau auf Deinen Teil!

Es ist schwer, Hera, darauf hinzuschauen. Es ist schwer, wenn man die Betrogene ist, nicht nur moralisch zu kommen und Schuldsprüche zu verteilen.

Aber trotzdem: Hör auf damit, es nützt Dir nichts. Wenn Du dabei stehenbleibst, wirst Du die Verliererin sein, auch wenn Du tausendmal »gewonnen« hast. Wie ist das also mit Eurer Liebe? Was ist daraus geworden? Ich will Dir sagen, was mir bei Euch aufgefallen ist. Seit Eure Kinder da sind, ist es zwischen Euch ziemlich kalt geworden. Wenn Du von ihnen redest, sind es nicht »unsere«, sondern es sind immer »meine Kinder«, so als hättest Du sie ganz ohne ihn gekriegt. Zeus hat da keinen Platz. Ein matriarchales Regiment führst Du, und Zeus hat da, wenn es nach Dir allein geht, nichts zu suchen.

Du meinst, das käme daher, daß er Dich so oft hat hängen lassen? Du hättest gar keine andere Wahl gehabt, als alles alleine in die Hand zu nehmen? Da ist sicher viel Wahres daran. Zeus hat natürlich kräftig mitgespielt bei dieser Entwicklung. Nur ist es nicht die ganze Wahrheit. Der Teil der Wahrheit, der noch fehlt, der betrifft Dich. Du wirst Dich wehren gegen das, was ich jetzt sage, ich sage es trotzdem: Als Mann ist Zeus für Dich schon lange unwichtig. Er ist wichtig, weil er den äußeren Rahmen gewährleistet, Dir einen Status verleiht und Dir das Gefühl gibt, nicht allein zu stehen – aber als Person, als Mann? Du sagst, das stimme nicht, denn er wäre der einzige in Deinem Leben, und Du wärst ihm immer treu gewesen. Ist das ein Argument?

Könnte das nicht auch bedeuten, daß Du Dein Herz verschlossen hast, so daß es nicht nur für ihn, sondern auch für jeden anderen Mann verschlossen war? Zeugt Deine Tugend von Deiner Liebe, oder nicht vielmehr von Deiner Erstarrung?

Trotzdem, Hera, in gewissem Sinn hast Du recht: Es gab wohl eine Zeit, wo er für Dich der einzige war. Er war unendlich wichtig für Dich, vor Eurer Karriere, in der Zeit, als Ihr Euch heimlich geliebt habt, als es die Eltern nicht wissen durften. Da hast Du um ihn geworben, Du hast ihn sogar verführt – ja, Hera, das gab es einmal bei Dir! Damals spürtest Du wohl, daß in Eurer Liebe die Kraft lag, Dich von Deinen Eltern, von Deinem Vater zumal, zu lösen und mit Zeus ein neues Leben, *Dein* eigenes Leben zu beginnen. Aber hast Du Dich darauf wirklich eingelassen?

Warum mußte denn die Beziehung so lang vor dem Vater verheimlicht werden? Du wolltest mit Hilfe von Zeus von ihm loskommen, aber durfte Zeus wirklich mit ihm in Konkurrenz treten? Dann hättest Du zu Zeus halten und Dich wirklich von Deinem Vater distanzieren müssen. Das hast Du aber bis heute versäumt. Oder nimmst Du es Zeus nicht bis heute übel, daß er ihm den Rang abgelaufen und sich selbst an die Spitze gesetzt hat? Dein Vater ist lange tot. Aber in Deinem Herzen regiert er immer noch. Das wirst Du zwar abstreiten, das darf keiner wissen, aber es ist so. Zeus hatte da nie wirklich eine Chance. Du hast ihn zwar geliebt, aber er war Dein »Sohn-Geliebter«, er sollte Dein großer Junge bleiben, an dem Du Dich freuen, den Du auch bewundern konntest, der aber nicht hätte zum Mann werden dürfen, der dem Vater den Platz streitig macht.

Du sagst, das könne nicht sein, denn Du wolltest doch immer Kinder mit ihm haben, das sei Dir ganz wichtig gewesen. Ja, Du wolltest Kinder mit ihm. Aber war Dir da Zeus wichtig, oder waren es die

Kinder? Und war es wirklich Zeus, dem Du sie geboren hast? War es Zeus, oder war es eigentlich Dein Vater? War es Dir nicht viel wichtiger, ihm Deine Söhne zu gebären? Zeus ist jedenfalls seither, natürlich nicht ohne sein Zutun, immer mehr an den Rand geraten.

Denn zum Kinderkriegen brauchtest Du ihn nicht mehr, und als Sohn-Geliebten – da hast Du ja jetzt Deine Söhne.

In Deinem Herzen trägst Du Deinen Vater, und für ihn bewahrst Du Dich. In Deiner Welt hast Du ein einseitiges Matriarchat aufgerichtet, in dem es Frauen gibt, Kinder, einen Sohn-Geliebten – aber keinen Mann. Hier regierst Du, waltest und schaffst, tatkräftig, mit Klugheit und Umsicht – und hast damit verhindert, zu spüren, daß Du nur das alte Muster wiederholst und als Frau allein bleibst.

Jetzt, wo Zeus sich verliebt hat, hast Du das gespürt. Wie ein Stich ist Dir Deine Einsamkeit ins Herz gefahren. Die ist aber nicht durch Zeus' Seitensprung entstanden, die war vorher schon da; Zeus hat mit seinem »Abenteuer« nur das Gebäude zusammenkrachen lassen, das Du darübergebaut hattest. Bitte, Hera, laß es jetzt zerstört, errichte nicht gleich wieder ein neues. Stell Dich den Fragen, die damit aufgeworfen sind: Wo bist Du als liebende Frau geblieben? Was ist mit Deiner Hingabe an einen realen Mann, was ist mit der fülligen Lust, deren Du als reife Frau fähig sein könntest?

Hera, wenn die Sache mit Semele für Dich jetzt erledigt wäre, weil sie weg und Zeus wieder bei Dir ist, dann hättest Du Deine Chance verpaßt, dann wäre alles beim alten geblieben, und alles wäre verloren – trotz Deines »Sieges«.

Hera, ich bitte Dich, jetzt, wo Semele, Deine Rivalin, tot ist, laß sie nicht auch noch in Deinem Bewußtsein sterben. Du brauchst sie nämlich, Du könntest von ihr eine Menge lernen. Ja, von Semele, von der jüngeren, sterblichen Semele. Das ist starker Tobak, ich weiß. Wo Du doch meinst, wie einfach sie es hatte, mit ihren blonden Haaren, ihrer glatten Haut und ihrem Kindchen-Charme. Ich kann verstehen, daß Dich das verletzt, daß sie für Zeus einfach schon deshalb wichtiger war, einfach schon, weil sie die Jüngere war. Aber mache es Dir nicht zu einfach, indem Du alles auf Jungsein und Sex schiebst. Was Zeus an ihr auch noch und eigentlich fasziniert hat, das war ihre Begeisterungsfähigkeit, ihre Phantasie, ihre weiche, fließende Lust- und Hingabebereitschaft. Und das hat nicht nur mit Jungsein und mit Sex zu tun, das sind auch Qualitäten erwachsener reifer Liebe, erwachsener reifer Weiblichkeit. Was ist daraus bei Dir geworden? Das war doch alles auch bei Dir einmal da. Wo bist Du damit geblieben?

Semele wirft Dich zurück auf Eure Anfänge: da, wo Du Dich heimlich mit Zeus getroffen, wo Du ihn verführt, Dich ihm hingegeben hast. Sie führt Dich zurück, dahin, wo Eure Liebe aufkeimte, dahin, wo aus zweien eins wurde, dahin, wo es nur Dich und ihn und Eure Liebe gab. Ihr habt versäumt, diese Liebe aus dem verborgenen Dunkel ins helle Tageslicht des Erwachsenenalters zu führen, weil Ihr Angst hattet vor der Auseinandersetzung, weil Du Angst hattest vor Deinem Vater. Eigentlich müßtest Du Dich mit

Semele zusammentun, eigentlich müßtest Du mit ihr eine Affäre beginnen. Du müßtest Semele in Dich einlassen, Semele in Dir entwickeln. Natürlich auf Deine Weise. Natürlich nicht als Kopie, sondern so, wie es heute Deinem Alter und Deinen Gaben entspricht. Hera, sosehr Du Dich dagegen wehren wirst: Du brauchst Semele. Du brauchst sie, damit der Damm in Deinem Herzen bricht und der Strom der Hingabe Dich losreißt von den alten Bindungen. Das lebte Semele, und darum brauchst Du sie!

Du kannst da nicht mitgehen, weil nur Rachephantasien in Dir herrschen, wenn Du an sie denkst? Ich verstehe, daß Deine Verletzung nach Rache schreit. Ich verstehe, daß der Schmerz über das, was Du erlebt hast, und der Schmerz darüber, daß Eure Beziehung schon so lange tot ist, zu groß ist, um ihn anzuschauen. Wut, Haß und Rache helfen Dir, Dich davor zu schützen. Aber bleib nicht dabei stehen. Laß den Schmerz zu. Denn das ist ein Schmerz, der Dich weich und lebendig machen, der Semele in Dir aufwecken könnte.

Semele mußte in Dein Leben treten, damit Du Dich nicht in Deinem matriarchalen Reich einsperrst und hier erstarrst und vereinsamst. Semele ist Deine Chance!

Brief an Zeus

Du bist also wieder zurückgekehrt aus Deinem Liebesnest auf den heimatlichen Olymp. Ordnung kehrt wieder ein. Die Regierungsgeschäfte werden wieder regulär wahrgenommen. Alle, die davon gewußt haben, atmen auf. Die Katastrophe ist abgewendet. Hera, das meinst Du jedenfalls, triumphiert. Sie hat sich durchgesetzt, und Du hast Dich gefügt. Wie wird es jetzt weitergehen?

Die Chance ist groß, daß alles, was Dir von der »Affäre« bleibt, eine nostalgische Erinnerung ist, gemischt mit dem Gefühl einer Niederlage und dem Bedürfnis nach Rache. Sicher wird sich bald wieder eine Sterbliche finden, mit der Du ein Verhältnis anfangen kannst, und dann wirst Du nicht zögern, es zu tun. Aber Du wirst dann vorsichtiger sein. Du wirst es geschickter machen, nach allen Seiten hin. Du wirst für bessere Geheimhaltung sorgen, und Du wirst darauf achten, daß die nächste Geliebte nicht zu leicht auf die Idee kommt, mehr zu wollen als ihr zusteht. Für beides wirst Du allerdings Deine Gefühle »im Griff« halten müssen. Denn wenn Du Dich so tief betreffen läßt wie von Semele, dann läßt sich das nicht so ohne weiteres steuern, dann wird die Sehnsucht so stark, daß Du mit Deiner Realität wieder in Konflikte geraten wirst. Du darfst Dich also keinesfalls mehr so weit einlassen. Nur dann ist gewährleistet, daß Du Dein Vergnügen und Deine Rache hast.

Zeus, es wäre fatal, wenn das Dein Ertrag aus dem Erlebnis mit Semele wäre. Dazu war es zu tief, zu grundsätzlich. Das war kein oberflächlicher Seitensprung, den Du bald wieder vergessen kannst. In dieser Beziehung ist etwas Neues entstanden und in Dich übergegangen, Du bist »schwanger« geworden mit etwas Göttlichem. Du kannst jetzt alles ad acta legen, Dich selbst bedauern und zynisch und resigniert Deine Möglichkeiten ausnützen, um Deine Sex- und Rachebedürfnisse zu stillen, oder aber Du kannst diese Schwangerschaft austragen. Welcher Gott will da in Dir heranwachsen? Du weißt, es ist Dionysos, der enthusiastische, ekstatische Gott, der Gott der Visionen und der heiligen Raserei, der Gott mit den weiblichen Zügen, der Gott des vergehenden und wiederkehrenden Lebens. Diesen Gott hast Du in Semeles Hingabe empfangen. Ihre Liebe hat Dich in sein Reich hineingeführt. Wie nötig hattest Du es doch! Wie sehr brauchtest Du doch diese Begegnung, um Dich endlich lösen zu können aus Deinem Zwang zu Macht und Kontrolle. Semele hat Dich in eine unbekannte Wunderwelt geführt. Du warst zwar immer noch der Göttervater und ließest sie das auch fühlen, wenn Du mitten aus einer Begegnung heraus zu »wichtigen Regierungsgeschäften« aufbrechen mußtest. Aber Du hast bald gemerkt, daß eigentlich sie die Führung übernommen hatte und Dich eine Sprache zu lehren begann, in der Du Analphabet warst: die Sprache der Liebe und Hingabe. Bei ihr brauchtest Du die Insignien Deiner Macht, Wolken,

Donner und Blitze, nicht mehr. Die konntest Du draußen vor der Tür lassen. Hast Du bemerkt, wie Du Dich verändert hast? Wie Du stiller, innerlicher, fließender wurdest? Dinge, die vorher überdimensional wichtig waren, Deine Macht, Dein Einfluß, Dein Besitz, die traten plötzlich zurück, und anderes wurde wichtig: Du selbst, Dein Leben, sein Sinn ...

Zeus, ich habe Angst, daß nun alles vorbei ist damit, daß Du in Kürze wieder der alte sein wirst und daß das alte Streitspiel zwischen Dir und Hera wieder beginnt, das Du mit perverser Lust immer wieder angezettelt hast, bis Du Semele begegnet bist.

Kein Wunder, sagst Du, mit *der* Frau könne man ja nicht anders leben. Da müsse man kämpfen, um nicht untergebuttert zu werden. Mit Semele wäre das alles anders gewesen, aber mit Hera?! – Ja, mit Semele war vieles anders. Da lerntest Du Dich selbst von einer ganz anderen Seite kennen, da wurdest Du zärtlich, phantasievoll, jung. Aber lag es nur an Semele, daß das zum Leben erwachte, und liegt es nur an Hera, daß das alles tot war in Dir? Was liegt dabei eigentlich an Dir?

Mir fällt auf, daß Du Deine Leidenschaftlichkeit und Hingabe nur im verborgenen lebst. Du bist ein großer Versteckspieler in Deinen Liebesaffären, hinter allen möglichen Maskeraden verbirgst Du Dich, so als ob Deine Liebe nie ans Licht des Tages treten dürfte. Auch bei Semele mußte alles heimlich sein. Als sie mit Dir den Schritt in die Öffentlichkeit machen, als sie von Dir wirklich als die Deine anerkannt sein wollte, da war es aus, da hast Du sie geopfert. Aber, höre ich Dich erwidern, das lag doch an Heras Intrigen und Semeles illusionären Wünschen ... Zeus, solche Gründe, warum man Beziehungen abbricht, gibt es immer. Das sind äußere Gründe, die eigentlichen liegen viel tiefer, die liegen in Deiner Seele. Willst Du mir folgen auf diesem Weg in die Tiefe? Ich nehme es an, weil ich hoffe, daß Semele die Tür dahin aufgeschlossen hat. Ich will den Moment nützen, bevor sie wieder zufällt. Zeus, war das nicht immer schon so, daß es nur heimlich schön, intensiv und leidenschaftlich war? War es nicht auch mit Hera so? Du warst verrückt auf sie, aber nur so lange, als Ihr Euer Verhältnis vor den mächtigen Eltern geheimhalten mußtet. Sobald Ihr ein offizielles Paar wart, flaute Deine Liebe ab, habt Ihr begonnen, Euch anzufeinden und gegenseitig auszuspielen. Ein Liebespaar seid auch Ihr, Hera und Du, nur im verborgenen gewesen. Wie kommt das, daß Du nur heimlich lieben darfst? Wer kontrolliert die Regungen Deines Herzens, daß Du nicht offen zeigen kannst, wohin sein Verlangen geht? Du kannst es nicht auf Hera abschieben. Heute ist es Hera; wer war es, als Du Hera liebtest?

Es sieht so aus, als wärst Du unter dem Mantel des mächtigen Göttervaters noch immer der Jüngling, der seine ersten Abenteuer sucht, aber sie peinlich vor den kontrollierenden Augen einer mächtigen Mutter verheimlichen muß ...

Und noch etwas: In Deiner Liebesgeschichte mit Hera, wer hat da eigentlich wen geliebt? War es nicht Hera, die Dich verführt hat, war nicht sie es, die Dich dazu gebracht hat, sie zu heiraten? Du warst zwar leidenschaftlich in sie verliebt, aber Du hast lediglich reagiert. Sie kam auf Dich zu. Du gingst darauf ein, weil es toll für Dich war, für eine solche Frau so wichtig zu sein. Aber es ging von ihr aus. Hast Du ihre Liebe je beantwortet? Hast Du je aus Dir heraus erwidert, was sie Dir entgegenbrachte? Also: Hast Du sie überhaupt für Dich gewonnen? Die Frage gilt im Blick auf Hera, auf Semele und auf jede andere Frau in Deinem Leben. Hast Du je eine Frau für Dich gewonnen?

Du hast viel erreicht. Du bist der Göttervater, der die Macht zu handhaben versteht und schon manchen Kampf, auch gegen Hera, gewonnen hat. Manchen Kampf *gegen* sie. Den Kampf *um* sie hast Du bisher immer verloren, oder besser: Du hast ihn gar nicht wirklich gekämpft!

Gekämpft hast Du viel, aber immer auf dem falschen Feld. Zuerst hast Du die (wirklichen oder vermeintlichen) Feinde niedergerungen, dann hast Du Deine Konkurrenten ausgeschaltet, und jetzt kämpfst Du mit Hera um die Macht. Meintest Du je, damit könntest Du ihre Liebe gewinnen? Den Kampf um die Liebe hast Du noch nie geführt. Wer hält Dein Herz gefangen? Wer hindert Dich daran, eine Frau nicht nur im heimlichen Dunkel, sondern im hellen Licht des Tages zu lieben und zu ihr zu stehen? Du machst die Frauen, die Dir begegnen, entweder zu kontrollierenden Furien wie Hera oder zu unglücklichen Geliebten wie Semele, und keine trifft Dich wirklich. Wem bewahrst Du Dein Herz? Bist Du tatsächlich im Herzen noch der Jüngling, der sich zwar nach der anderen Frau sehnt, sich aber nicht von seiner Mutter losreißen kann, der darum mit Frauen nur „heimlich fremdgehen" kann, oder aber, wenn die Heimlichkeit wegfällt, sie auf den Platz der kontrollierenden Mutter verweisen muß? So gesehen, hat Semele ja Glück gehabt. Denn hättest Du sie zur offiziellen Gattin gemacht, hätte sie wohl bald eine zweite Hera spielen müssen (falls sie mitgemacht hätte!).

Damals, als Deine Ehe mit Hera offiziell wurde und Du merktest, daß Eure Liebe erkaltete, da hast Du einen großen Fehler gemacht: da hast Du Dich nicht damit auseinandergesetzt, da hast Du nicht mit Deiner Mutter und nicht mit Hera den Kampf um die Liebe begonnen. Du hast Hera einfach die Schuld zugeschoben, bist nach draußen gegangen und hast Deine Karriere gemacht. Die Sehnsucht nach der liebenden Hingabe hast Du teils in die Lust an der Macht verwandelt, teils hast Du sie mit den heimlichen Geliebten gestillt, bei denen Du wieder der Jüngling wurdest, der nun Hera für das Versteckspiel verantwortlich machte.

Warum hast Du Dich nie mit ihr darüber auseinandergesetzt? Es ging nicht? Du bist nicht an sie herangekommen? Wo bleibt auf einmal Deine Macht, Zeus? Warum setzt Du hier diese Macht nicht ein? Das tätest Du, sagst Du, aber es nütze nichts. Ja, Du streitest zwar viel mit ihr herum, aber Du weißt genau, daß das nur Nebenschauplätze sind. Worum es Dir eigentlich geht und was Semele jetzt in Dir wachgerufen hat, die Ekstase und den Enthusiasmus der Hingabe, warum hast Du das nie zum Thema gemacht? Weil sie das diffamiert hat als Fixierung auf Sex oder regressive Kindbedürfnisse?

Wieder frage ich: Welche Macht gibst Du Hera, daß
Du dem nichts entgegenhalten kannst? Ist das überhaupt Hera, oder regiert nicht in Dir selbst noch der
Besitzanspruch und die Moral Deiner Mutter, die es
nicht haben kann, daß ihr Junge von Liebe und Hingabe zu einer anderen Frau erfaßt wird mit seinem
ganzen Leib und mit seiner ganzen Begierde? Fin-
dest Du das vielleicht im Grunde selber unanständig,
weil es nicht zum guten Jungen Deiner Mutter paßt?
In der Auseinandersetzung mit Hera über Lust, Hingabe und Sexualität hättest Du Dich von Deiner Mutter lösen und Hera gegenüber in Deinem Herzen zum
Mann reifen können!

Zeus, so hätte Hera Dich gebraucht, als einen, der
zum Mann reift, damit sie an seiner Seite zur Frau
hätte werden können. Aber dem hast Du Dich ver-
weigert. Damit bist Du innen der große Junge Deiner Mutter geblieben, und niemand merkt es, denn
nach außen spielst Du ja den großen Patriarchen, der
die Welt mit seiner Willkür regiert, die Du Rationali-
tät und Effektivität nennst. Aber die Tatsache, daß es
in dieser männlichen Welt Frauen nur gibt entweder
als Mütter, befaßt mit der Aufzucht der Kinder, oder
als heimliche Geliebte, verfügbar für die Befriedigung
der Bedürfnisse, die Tatsache dieser Spaltung macht
offenbar, daß dieses Patriarchat nur dazu da ist, zu
verbergen, daß Dein Herz nicht frei ist für die erwachsene Liebe zu einer reifen Frau.

Die Chance, die Hera für Dich war, hast Du verpaßt, indem Du sie mit allen negativen Eigenschaften mütterlicher Dominanz behängt hast und ihr ausgewichen bist. Gott sei Dank bist Du Semele begeg-

net, Gott sei Dank hat sie verhindert, mit ihr dasselbe Spiel fortzusetzen. Gott sei Dank hat sie Dich nicht einfach ziehen lassen wie die anderen heimlichen Geliebten. Gott sei Dank hat sie Dich herausgefordert bis zum äußersten. Es ist kein Ruhmesblatt in Deiner Geschichte, wie Du mit ihr umgegangen bist, und trotzdem: *Auch* Gott sei Dank, daß Du sie nicht geheiratet und zu einer zweiten Hera gemacht hast! So ist Semele die Geliebte geblieben, die bleibende Spuren in Dir hinterlassen hat: In ihr ist Dionysos entstanden. Semeles Dionysos, dieser schwärmerische, ekstatische Gott, könnte Dein Leben, Deine Welt, Deine Beziehungen verändern. Wenn Du ihn gerettet und in Deinen Schenkel eingenäht hast, um ihn da auszutragen und zu gebären: Was heißt das? Bedeutet das, daß Du das Neue, das durch Semeles Liebe in Dein Leben gekommen ist, in Dich aufnimmst und Dich von ihm verwandeln lassen wirst? Oder heißt es im Gegenteil, daß Du Dir auch noch die weiblichen Fähigkeiten des Austragens und Gebärens angeeignet hast, damit Du diesen gefährlich irrationalen Gott, der da aus Eurer Liebe erstehen wollte, unter Deine Kontrolle bringen kannst? So wie ich Dich kenne, Zeus, fürchte ich: das zweite ist der Fall. Dann wäre für Dich allerdings alles umsonst gewesen. Dann hättest Du die Chance, die Semele für Dich bedeutete, leider verpaßt.

Brief an Semele

Zeus und Hera sind wieder vereint. Und was ist mit Dir, Semele? Die Frucht Deiner Liebesbeziehung ist auf Zeus übergegangen. Vielleicht wird es tatsächlich zu einem Neubeginn und zu einer nachhaltigen Veränderung zwischen ihnen führen. Dann wirst Du sehr belebend auf die Beziehung der beiden gewirkt haben. Das hört man ja, daß die Geliebten sich zuweilen sehr belebend auf die ehelichen Beziehungen auswirken. Ein schwacher Trost für Dich! Ich kann mir vorstellen, daß Du Dich ganz schön ausgenützt fühlst und allein gelassen in Deiner Unterwelt, wo Du, nach dem Eklat, Dein Schattendasein führst.

Alle Welt ist froh, daß der Konflikt vorüber, das Dreieck aufgelöst ist. An Dich, wie es Dir jetzt geht, denkt keiner, so meinst Du. Geliebte haben keine Rechte, und wenn sie meinen, welche beanspruchen zu können, ziehen sie den kürzeren. Du hast das erlebt und hast es jetzt auszubaden.

Wie wirst Du damit fertig werden? Was wirst Du aus dieser Erfahrung machen? Die Gefahr ist groß, daß Du bitter und enttäuscht zurückbleibst und Dich mit Klischees tröstest, wie zum Beispiel mit dem vom Ausbeuterverhalten der Männer, dem von den Besitzansprüchen der Ehefrauen oder dem von der »Hohlheit der ganzen Institution Ehe«.

Sicher, auf den ersten Blick hast Du am meisten Schaden davongetragen. Du und Eure Liebe mußten »höheren Interessen« geopfert werden. Das tut weh.

Aber immerhin solltest Du nicht vergessen, was Du mit Deiner Lebendigkeit, Intensität und Hingabe bewirkt hast. So einen hartgesottenen Knochen wie den Zeus, so einen Willens- und Verstandesmenschen hast Du geöffnet und weich gemacht. Dionysos ist in Eurer Beziehung zum Leben erwacht. Du hast in Zeus den Enthusiasmus und die Ekstase der Liebe geweckt. Damit hast Du ihn verwandelt. Ich mache die Erfahrung, wie häufig hinter dem sexuellen Imponiergehabe von uns Männern nur Verklemmtheit und Körperfeindlichkeit stecken, Du hast den Zeus gelehrt oder ihn zumindest ahnen lassen, daß Sex etwas mit runder, lust- und hingebungsvoller Liebe zu tun hat. Das ist doch etwas. Und Du hast ihn und alle Beteiligten, auch wenn sie sich jetzt dagegen wehren müssen, zum Bewußtsein gebracht, daß es noch etwas anderes geben könnte unter der Sonne als Leistung, Ordnung und Pflicht.

Zeus trägt nun Dionysos in seinem Leib. In ihm, dem Repräsentanten der herrschenden Ordnung, liegt nun der Keim einer ganz anderen, einer freudigeren, hingebungsvolleren, im natürlichen Rhythmus von Werden und Vergehen pulsierenden Welt. Was er damit macht, wie er damit umgehen wird, das ist natürlich noch eine andere Frage. Aber Du hast die Sehnsucht in ihm geweckt. Er weiß jetzt, auch wenn er es leugnen wird, für immer, daß seinem Herzen nicht genug ist, was Wohlstand und Sicherheit ihm zu bieten haben. Das hast Du bewirkt, und das solltest

32

Du nicht geringachten, Semele, denn das ist viel, sehr viel.

Aber davon, höre ich Dich erwidern, hast Du selbst nicht sehr viel, da in Deiner Unterwelt. Du möchtest verständlicherweise da raus. Oder vielleicht möchtest Du gar nicht raus. Vielleicht hast Du erst mal genug von allem.

Ja, ich glaube, es ist gut, erst mal da zu bleiben, wo Du bist und wie Du bist, mit Dir allein, in der Tiefe. Du brauchst jetzt diese Zeit, und Du könntest die Zeit nützen. Für Dich. Irgendwann mal wirst Du wieder auftauchen, und dann wird es entscheidend sein, daß Du über das, was geschehen ist, nachgedacht und daraus gelernt hast. Das braucht Zeit.

Du meinst, da gibt es nichts zu lernen, das sei doch sonnenklar? Du warst eben völlig beknackt, daß Du Dich auf diesen Zeus eingelassen hast, wo doch daraus nie etwas werden konnte? Diese »Moral von der Geschichte«, falls es die Deine ist, wird Dir nicht weiterhelfen. Wenn Du dabei stehenbleibst, wirst Du nicht gefeit sein, daß es Dir bald wieder genauso geht.

Nie mehr! höre ich Dich sagen. Na, ich wäre da nicht so sicher. Ich habe das schon oft erlebt mit Geliebten wie Dir, daß sie sich das geschworen haben. Es hat ihnen nichts genützt. Ohne daß sie es merkten, waren sie im nächsten Dreieck drin, und alles lief genauso wie beim ersten Mal. Immer wieder verbrennen, das ist nicht angenehm. Irgendwann verbraucht einen das. Irgendwann hat die Geliebte dann sich selbst überlebt, ist grau und häßlich geworden, und die ganze Schminke, die sie darüberkleistert, kann nicht darüber hinwegtäuschen, daß sie endgültig zum Schatten in der Unterwelt geworden ist. Wenn das Dein Schicksal werden würde, Semele, das fände ich sehr schade. Du bist noch zu jung und zu lebendig dazu. Darum will ich Dich jetzt nicht Deiner Resignation überlassen. Ich werde Fragen stellen, ich werde bohren, auch wenn Dir das nicht angenehm sein sollte.

Was hast Du gesagt? Es war blöd von Dir, Dich auf Zeus einzulassen, weil doch daraus nie etwas werden konnte? Aber hör mal, Semele, wolltest Du denn damals, daß »daraus etwas wird«? War es Dir denn nicht gerade recht, daß der Mann beruflich und familiär so gebunden war? War es denn nicht genau das, was Du wünschtest, endlich diesen langweiligen Freund, den Athamas, loszuwerden, mit dem Dein Vater Dich verkuppeln wollte, weil er so gut zu seinen Vorstellungen und Werten paßte? War Dir da nicht gerade so ein Zeus wichtig, damit Du Dich endlich frei, ungebunden, selbst-bestimmend fühlen konntest, nach der jahrelangen Gängelung zu Hause? Einen Mann, der gleich wieder festhält, so wie Dein Vater und Athamas, den hättest Du doch gar nicht ertragen, oder?

Und gerade das Verbotene an der Beziehung, gab es Dir nicht die Gelegenheit, zur längst fälligen Revolte anzutreten und zum längst fälligen Befreiungsschlag auszuholen? So wolltest Du doch gar nicht, daß etwas daraus wird, wolltest kein »legales Verhältnis«, keine Dauer und keine Bindung. Aber ich denke, hier hast Du Dir eine Falle gebaut. Denn Du hast das Verhältnis verheimlicht, mußtest es vielleicht verheimlichen. Damit bist Du eben doch nach außen hin für Deine Eltern die brave Tochter geblieben, die halt gerade etwas trotzte, wenn sie sich dem Athamas verweigerte. Hast Du Dich damit nicht selbst um Deine Befreiung betrogen?

Ich vermute, daß Dir eine Beziehung, aus der nichts werden konnte, noch aus einem anderen Grund wichtig war. Zeus blieb nicht da. Er ging immer wieder weg, ging zu Hera, ging zu seinen Regierungsgeschäften. Du konntest sicher sein: Der wird mir nicht die Luft zum Atmen nehmen, dazu ist er zu beschäftigt. War das nicht gerade die Voraussetzung dazu, daß Du es wagen konntest, Dich so vorbehaltlos zu öffnen, Dich so direkt und intensiv hinzugeben? War das nicht genau die Voraussetzung dazu, daß Du entdecken konntest, welche Fülle von Lust und Liebe in Dir schlummert? Und hast Du nicht selbst gerade darin die Chance gesehen, die Beziehung so intensiv und lebendig zu erhalten? Dadurch, daß die Beziehung sozusagen zu Ende war, wenn er die Tür hinter sich schloß, dadurch war es Euch doch gerade möglich, wenn er sie wieder öffnete, die Beziehung jedesmal wieder neu und frisch wie am ersten Tag zu erschaffen und nicht in den trüben Trott zu verfallen, den Du wahrscheinlich bei Deinen Eltern erlebt hast und den Du auf keinen Fall wiederholen wolltest!

Ich glaube wirklich, daß das sehr, sehr wichtig für Dich war, Semele. Du solltest das nie vergessen, daß Du das warst, die soviel Liebe und soviel Lebendigkeit in sich entdeckte, daß Du das bist, daß das wirklich zu Dir gehört und daß das Deins bleibt, auch wenn Dir jetzt alles wie verbrannt und ausgedörrt erscheint. Ich glaube aber, daß Du etwas nicht gemerkt hast, was auf die Dauer mehr und mehr zum Tragen kam. Genau die Situation, die Dir eine Zeitlang Freiheit zum Lieben und Schutz vor zu früher Bindung gab, dieselbe Situation wurde für Dich bald doch wieder zum Gefängnis. Dadurch, daß Du seine heimliche Geliebte warst, mußtest Du Dich doch, je länger, je mehr, nach seinem Terminkalender richten. Er kam und ging, und Du wurdest immer mehr die Wartende. In Eurem Liebesnest war es schön und kuschelig, aber bald auch recht einsam. Du wurdest abhängig. Bekam Deine Lage jetzt nicht eine fatale Ähnlichkeit mit der in Deinem elterlichen Schloß? War Dein Leben jetzt nicht fast genauso beherrscht von Zeus wie früher von Deinem Vater und seinen Normen?

Von vielen Deiner Schicksalsgenossinnen höre ich ähnliches: daß die ursprünglich erlebte große Befreiung auf Dauer umschlägt in genau dieselbe Knechtschaft, der sie sich gerade entkommen wähnten. Vielleicht ist es also doch nicht der richtige Weg, sich mit einem Zeus von einem Kadmos oder Athamas zu befreien. Es besteht die Gefahr, vom Regen in die Traufe zu kommen.

Das hast Du auch gespürt. Du hast Dich ja dagegen zu wehren begonnen. Du hast Dich nicht mehr zufriedengegeben. Heute machst Du Dir das zum Vorwurf. Aber ich will Dir sagen: Es spricht für Dich. Viele Deiner Schicksalsgenossinnen halten das jahrelang aus und verewigen damit nur, was sie gerade überwinden wollten, nämlich das kleine Töchterlein zu bleiben, das den Vater nur durch einen »Göttervater« ersetzt hat, dem gegenüber sie auf ein eigenes Leben als erwachsene Frau verzichten.

Du sagst, es war Hera, die Dir diesen Gedanken eingegeben hat, mehr zu wollen und Zeus in seiner wahren Gestalt zu sehen und Dich als Unsterbliche an seiner Seite. Denn radikaler hättest Du mit nichts die Beziehung zerstören können als mit diesem Wunsch. Ihn in seiner wahren Gestalt zu sehen, das ist ja der Wunsch, mit dem Versteckspiel aufzuhören, und damit der Wunsch nach Verbindlichkeit, nach Anerkennung und angemessener Öffentlichkeit. Kein Wunder, daß dieser Gedanke von Hera stammt. Das sind ja die Seiten der Beziehung, die sie mit Zeus lebt. Aber deshalb allein müssen sie ja noch nicht schlecht und zerstörerisch sein. Und ist es nicht so, daß dieser Wunsch eigentlich ganz aus Deinem Inneren heraus, ganz direkt aus Deiner Liebe selbst gewachsen ist und Hera mit ihrer List nur den äußeren Anstoß dazu gab, ihn zu äußern? Die Tatsache, daß Zeus Dich nicht an sich binden konnte, ermöglichte Dir zunächst, Dein Herz ganz zu öffnen. Aber wurde es gerade dadurch nicht immer schmerzhafter, wenn er dann ging? Fühltest Du Dich dann nicht oft mit offenem Herzen einfach stehengelassen? Je mehr Du Dich einließest, »weil keine Gefahr bestand«, desto mehr begabst Du Dich in die »Gefahr«, selber, aus Dir heraus, Verbindlichkeit, Dauer, Öffentlichkeit zu wollen.

Es sieht so aus, daß in Dir selbst überraschenderweise eine »Hera-Seite« erwacht ist, daß Du Deiner Liebe eine Form geben wolltest. War es also ein Fehler, daß Du »mehr« wolltest? Nein, es war kein Fehler, es war ein notwendiger Schritt. Wenn Du zu diesem Schritt wirklich ja sagst, würde das bedeuten, daß Du den Bereich der »heimlichen Geliebten« endgültig verlassen hast. Es würde bedeuten, daß Du, bevor der Blitz des Zeus Dich verbrannte, selbst diese Lebensform zerbrochen hast. Zeus hat mit seinem Blitz dann nur noch eine äußere Hülle verbrannt. Wenn Du zu Deinem Wunsch stehst, könntest Du darin sogar eine Hilfe sehen, die »Kind-Frau« endgültig sterben zu lassen und damit die Rolle der Tochter, der braven oder aufmüpfigen, endgültig aufzugeben.

Semele, Du brauchst die Zeit in der Unterwelt, um diesen Schritt, den Du gegangen bist, innerlich nachzuvollziehen. Und wisse: Dionysos lebt. Durch Dich ist dieser Gott entstanden. Deine Liebe hat ihn zum Leben gebracht. Das ist viel, sehr viel. Wenn es jetzt für Dich danebengegangen ist, laß Dich dadurch nicht abbringen, an diesen Dionysos zu glauben. Das ist Deine Chance. Nütze die Zeit in der Unterwelt.

Die Geliebte
als Bundesgenossin

Wahrscheinlich haben die »Briefe« in Ihnen, liebe Leser, die verschiedensten Reaktionen hervorgerufen. Ich stelle mir vor, daß Sie genickt, den Kopf geschüttelt, Fragen gestellt haben, daß Sie sich verstanden fühlten, ärgerlich wurden, betroffen waren und so weiter. Die verschiedensten Antwortbriefe werden sich, je nachdem, ob Sie sich mehr Hera, Zeus oder Semele nahe fühlen, in Ihnen ansatzweise formuliert haben. Auf alle diese Reaktionen möchte ich nun im folgenden eingehen, indem ich einen Schritt zurücktrete und von dem engagierten Mitstreiter in der Dreiecksbeziehung, der ich in den Briefen war – eine gefährliche Rolle übrigens, man kann sich dabei auf vielfältige Art zwischen die Stühle und in die Nesseln setzen! –, zum distanzierten Beobachter werde, der sich nun psychologisch interpretierend von verschiedenen Seiten her dem Beziehungsdreieck nochmals annähert und es zu verstehen und sein Verstehen zu vermitteln sucht.

Dabei ist zu sagen: Das Beziehungsdreieck Semele–Zeus–Hera stellt eine Konstellation dar, der wir häufig begegnen. Häufig, aber nicht immer. Manche, ja viele Dreiecksbeziehungen weisen ganz anders geartete Rollenträger und Abläufe auf. Die vielen Berichte über »die Geliebte«, die in letzter Zeit in Zeitungen und Zeitschriften veröffentlicht wurden[7], machen dies anschaulich. Außerdem: Die Rollenträger dieses Dreiecks stellen »Typen« dar, die im konkreten Fall selten oder nie »reinrassig« vertreten sind. Mancher Betroffene wird sich nur in bestimmten Zügen des Zeus, der Hera oder Semele wiederfinden, und in vielen anderen nicht. Abgesehen davon ist auch damit zu rechnen, daß die Semele-, Zeus- und Hera-Seiten nur speziell in diesem Beziehungsdreieck zum Tragen kommen. In anderen Konstellationen aber kann die Hera-Frau zum Beispiel durchaus auch »Semele-Seiten« in sich entdecken und umgekehrt, und der Zeus-Mann wird sich oft ganz und gar nicht »göttervaterlich«, sondern vielleicht hilflos und schwach erleben. Das Beziehungsgeschehen im Dreieck hat seine eigene Dynamik, und oft geschieht es, daß die Beteiligten – zu ihrer eigenen Überraschung – die Eigenschaften und Verhaltensweisen annehmen, die in unserer Geschichte von Zeus, Hera und Semele geschildert werden und die sie in anderen Beziehungszusammenhängen kaum von sich kennen.

Unter dem Vorbehalt all dieser Einschränkungen beginne ich nun, mich in einem ersten Interpretationsgang der mythischen Dreiecksbeziehung anzunähern. Meine Frage lautet dabei: Welche Rolle spielt in diesem Dreieck die Geliebte? In den Berichten, zu denen auch die Geschichte von Semele gehört, also in den Berichten aus olympischer Zeit, erscheint die Beziehung zwischen Zeus und Hera von ständigen starken Krisen geschüttelt.[8] Die beiden leben in einem fortdauernden Machtkampf. Ihre Beziehung ist von Rivalität, Vergeltung und Rache bestimmt, sei es mit

Brachialgewalt, sei es mit List. Der Göttervater spielt rücksichtslos seine Macht gegen Hera aus, und obwohl diese häufig äußerlich unterliegt, fühlt sie sich moralisch in der stärkeren Position, was ihr die Berechtigung gibt, wie in der Geschichte von Semele, mit List und Tücke ihre Gegenmaßnahmen zu ergreifen, womit es ihr mehr als einmal gelingt, ihren Gatten kräftig hereinzulegen, was diesen wiederum veranlaßt, seine Macht mit aller Brutalität gegen sie auszuspielen.

Solche Machtkampfbeziehungen drängen aus sich heraus dazu, zu Dreiecksbeziehungen zu werden. Eifersucht, Rache, Rücksichtslosigkeit sind nicht die Folge von Außenbeziehungen. Meist sind sie schon vorher da und finden durch die »Geliebte« nur einen neuen Grund und neue Nahrung. Es geht also – jedenfalls zunächst – sehr oft nicht so sehr um Liebe, sondern vielmehr um Macht.

Dies ist meistens verborgen, weil der Machtkampf in vielen Ehen viel weniger deutlich ist, als dies beim Olympierpaar der Fall ist. Oft verbirgt er sich hinter tausend kleineren und größeren Streitigkeiten. Das sind dann jene Paare, die in die Beratung kommen, weil es – für sie selbst unerklärlich – so oft Streit zwischen ihnen gibt. Jeder Meinung, die der eine vertritt, steht eine andere Meinung des andern gegenüber, jede Handlung des einen müßte in den Augen des anderen anders ausgeführt werden, damit sie »richtig« wäre. Beide sind der Überzeugung: Ich habe doch recht, warum beharrt denn der andere so auf seinem – falschen – Standpunkt? Jeder meint, er könne sich dem andern nicht anschließen, denn der andere liege doch offensichtlich falsch. Um voranzukommen, suchen sie oft einen Dritten, zum Beispiel einen Eheberater, der ihnen bestätigen soll, daß sie recht haben, und der den andern überzeugt, daß er unrecht hat. Denn dann müßte der Streit ja zu Ende sein. Aber natürlich hilft eine Klärung in der Sache nichts. Entweder findet der eine von beiden neue Gründe, warum es nun doch nicht »so« ist, oder er hört gar nicht hin und wechselt das Thema, und über dieses neue Thema geht dann der Streit von neuem los. Ich habe auch schon beobachtet, daß beide in der Sache exakt dieselbe Meinung vertraten, aber trotzdem stritten »wie die Wilden«, weil sie es gar nicht merkten. Es geht also gar nicht um die Sache und um deren Klärung. In den tausend verschiedenen Themen, um die sie streiten, geht es wie bei Zeus und Hera nur um eines: Es geht um die Macht. Wer erweist sich stärker als der andere und erreicht, daß er darum vom andern als der Stärkere anerkannt wird? Diese sehr häufige Beziehungsform nennen wir »symmetrische Eskalation«.[9] Symmetrisch wird sie genannt, weil die beiden versuchen, zur selben Zeit das gleiche zu tun, nämlich dasselbe Beziehungsmuster zu etablieren: Ich bin oben, du bist unten. Das aber führt zu fortdauernder Eskalation, weil jeder versuchen muß, den anderen bei seinem Versuch, oben zu sein, zu überbieten, indem er noch »höher« geht. Jeder braucht die immer noch stärkeren Argumente und »schlagenderen« Beweise (oft schlagend im wörtlichen Sinn!), damit er den anderen bei seinem Versuch, sich nach oben und ihn nach unten zu bringen, überholt.

Wir kennen diese Dynamik alle im großen Maßstab von der unseligen Aufrüstungsspirale. Im kleinen Maßstab dreht sich diese Spirale bei Tausenden von Streitpaaren in unserer nächsten Umgebung, die nur scheinbar um die Sache, in Wirklichkeit aber um die Macht kämpfen – genau wie Zeus und Hera –, auch wenn sie dabei feinere Mittel verwenden sollten.

Dieser Machtkampf scheint durchaus seine lustvollen Seiten zu haben. Homer schildert in seiner Ilias den Kampf des Götterpaares in aller Farbigkeit und mit sichtlichem Vergnügen, und eine heutige Variation dieses Kampf-Musters, das Stück »Wer hat Angst vor Virginia Woolf« von E. Albee[10], war sowohl im Kino als auch am Theater ein riesiger Publikumserfolg. Auch die Kampfpartner selbst scheinen ihren Spaß daran zu haben. Ein geheimes Lächeln, das manchmal – versteckt hinter Entrüstung – über die Züge eines Kontrahenten huscht, wenn er zum nächsten Schlag ausholt, ist verräterisch dafür. Auch die Sexualität der beiden scheint diesen Streit zu brauchen. Manche solcher Paare kommen nur noch nach einem solchen chaotisch endenden Streit zum sexuellen Höhepunkt.

Dennoch ist eine solche Machtkampfbeziehung mit hohen Kosten verbunden. Es braucht, wie bei der Aufrüstungsspirale, immer neue Kraftquellen, die angezapft werden müssen, um noch stärker zu sein als der andere. Sicher stimuliert der Streit auch Kreativität, aber als dauerndes Beziehungsmuster geht er allmählich an die Substanz. Er zehrt immer mehr Kräfte auf, und immer mehr muß investiert werden, denn je länger er dauert, um so größer wird auch die Angst vor einer Niederlage. So braucht es Hilfsquellen von außen, und das sind vor allem Bündnispartner. Zeus und Hera suchen immer wieder neue Bündnispartner, um sich gegen den anderen zu stärken. Bei Hera sind es oft ihre Kinder, die ihr gegen den Göttervater helfen, bei Zeus seine – männlichen und weiblichen – Geliebten. Ganz ähnlich bei unseren streitenden Paaren: »Sie« ist oft eine Hera-Frau, eine Hüterin der Ehe und der familiären Ordnung, und vertritt gegenüber ihrem Zeus-Mann, der nur noch seine »Göttervater-Aufgaben« kennt, ganz in seinem Beruf aufgeht und sich in ihren Augen nicht oder zu wenig um die Familie kümmert, deren Interessen und macht ihm deshalb Vorwürfe. Der Zeus-Mann versucht dagegen zu argumentieren, sein Engagement zu demonstrieren, gibt sich dabei aber immer wieder Blößen, welche die Hera-Frau mit ihrer Kritik gezielt zu treffen weiß. Dadurch bekommt er ein schlechtes Gewissen, ärgert sich aber zugleich darüber, weil er merkt, wie es dadurch der Hera-Frau gelingt, Macht über ihn zu gewinnen. Er braucht somit Verstärkung in seinem Kampf, und diese Verstärkung bietet ihm – eine Semele-Frau.

Durch die Außenbeziehung verbessert sich seine Position erheblich. Die Geliebte baut ihn auf. Ihr gegenüber ist er zunächst fraglos wieder der »große« und »starke«. Er braucht sich vor ihr nicht zu beweisen und wird von ihr nicht, wie er es von der Hera-Frau her empfindet, auf alle seine alten Fehler festgelegt. Dazu kommt, daß ihm die Geliebte oft noch den Triumph bietet, sich ihr gegenüber als Retter fühlen zu können. Das Textbuch der Händel-Oper stellt in dichterischer Freiheit und unter Verwendung anderen mythologischen Materials die Situation so dar, daß

Semele, die nach dem Willen ihres Vaters Kadmos den ungeliebten Prinzen Athamas heiraten soll, Zeus anfleht, sie aus ihrer schwierigen Lage zu befreien, worauf Zeus in Gestalt eines Adlers herniederfährt und sie aus der Versammlung der Hochzeitsgäste in sein himmlisches Liebesnest entführt, wo sie dann in heller Verzückung die Wonnen ihrer Liebe besingt. Kein Wunder, daß der Mann, der sich seiner Frau gegenüber immer nur um seine Position kämpfend erlebt hat, sich nun wieder als wahrer »Göttervater« fühlt, wenn ihm seine Semele erklärt, daß er für sie auch so ein adlerhafter Befreier ist, der sie aus frustrierenden ehelichen oder elterlichen Banden errettet hat.

Dazu kommt noch ein Weiteres: Der Zeus-Mann meint, durch die Semele-Frau den lebendigen Beweis zu erhalten, daß es kein Wunder ist, wenn er sich in den letzten Jahren mehr und mehr nach außen zu wenden begann. Wenn er keine Lust mehr hatte, mit seiner Frau zu schlafen, oder wenn das nicht mehr richtig funktionierte, dann fing er vielleicht sogar an, sich heimliche Gedanken zu machen, ob das auch an ihm, an seinem Alter und schwindender Potenz liegen könnte. Jetzt aber hat er den Beweis, daß es nicht so ist. Denn mit der Semele-Geliebten erlebt er Sexualität wieder in lange nicht mehr oder überhaupt noch nie gekannter Intensität. Jetzt scheint es klar: Es kann nur an der Hera-Frau liegen. Sie ist eine miese Liebhaberin, eng und verklemmt, an ihm liegt es nicht, denn mit ihm ist ja alles in Ordnung.

Schließlich ist die Geliebte noch in einem weiteren Sinn Bundesgenossin im Machtkampf der Eheleute:

Mit Semele vermag Zeus Hera wirklich noch zu treffen. Vieles kann sie, kampferprobt, wie sie nach so vielen Jahren Ehe ist, wegstecken, das aber nicht. Eine Sterbliche als Geliebte ihres Gatten, das verletzt ihre Göttinnenehre zutiefst. Das spüren viele Zeus-Männer genau. Sie sind vielleicht jahrelang an ihre »moralische«, »strenge« Hera-Frau nicht mehr herangekommen, sind bei ihr abgeblitzt und mußten den Eindruck bekommen, auf sie keinerlei Wirkung mehr auszuüben. Nun haben sie eine Geliebte. Das wird seine Wirkung tun. So wie Zeus sich keine große Mühe gibt, mit seinen Liebschaften unentdeckt zu bleiben, sowenig sorgen auch oft die Zeus-Männer ernsthaft für Geheimhaltung. Manchmal hat man den Eindruck, sie legen es geradezu darauf an, entdeckt zu werden. Sie lassen ihr Tagebuch irgendwo offen liegen oder »vergessen«, einen Brief der Geliebten wegzuräumen. Sie zündeln an der Bombe, damit sie endlich platzt. Die Semele-Frau soll der lebendige Beweis sein: »Ich bin ein Zeus und nicht der verständnislose, feige Ausweichler, als den Du mich immer hinstellst! Jetzt mußt Du es anerkennen!«

Allerdings ist der entscheidende »Schlag« im Kampf um die Macht dadurch auch nicht gelungen. Vielmehr hat der entdeckte Ehemann, genau wie Zeus mit Semele der Gattin Hera, seiner Frau erst recht eine neue Waffe in die Hand gegeben, mit der sie nun zum Gegenschlag ausholt. Die Geliebte wird erstaunlicherweise nun indirekt zur Bundesgenossin der Hera-Frau. Der Mythos stellt das auch ganz genau so dar. Hera – verkleidet in Gestalt der Amme – verbündet sich mit Semele und verwickelt sie in ein

Komplott gegen Zeus, das damit endet, daß dieser selbst seine Geliebte vernichten muß. Semele hilft Hera, gegen Zeus vorzugehen und sich an ihm zu rächen. Durch sie ist es ja deutlich, woran es liegt: Die Misere ihrer Ehe liegt an der Untreue und Unzuverlässigkeit des Mannes.

Ist das nicht sehr oft die Rolle der Geliebten in Dreiecksbeziehungen? Wie Semele wird sie zum Spielball im Kampf der Eheleute um die Macht. Dem Mann dient sie zum Beweis, daß es an der Frau liegen muß, weil sie als Frau nichts taugt. Der Frau dient sie als Beweis, daß es an ihm liegen muß, weil er unmoralisch und unzuverlässig ist. Jeder von beiden »benützt« die Geliebte, um dem anderen gegenüber »oben« zu sein. Dies geschieht sicher nicht immer so unverstellt elementar wie in unserer Erzählung, sondern vesteckt hinter viel edleren Gefühlen und Bedürfnissen. Es macht sicher auch nicht die gesamte Dynamik von Dreiecksbeziehungen aus. Aber oft spielt es eine größere Rolle, als wir uns zunächst eingestehen.

Damit aber wird deutlich, daß die Geliebte nicht die Ursache krisenhafter Entwicklungen in Partnerbeziehungen ist. Die Krise ist immer schon vorher dagewesen. Der Machtkampf zwischen Zeus und Hera tobte schon lange, bevor Semele die Szene betrat. Semele ist nur ein neuer Höhepunkt in diesem Kampf, sie hat ihn nicht bewirkt.

Daß es bei unseren irdischen Dreiecksgeschichten oft so aussieht, als hätte die Geliebte eine »intakte« Ehe zerstört, liegt daran, daß hier die Beziehungsform der symmetrischen Eskalation oft nicht so deutlich zutage tritt. Es geht nicht immer so lautstark und brutal zu wie zwischen Zeus und Hera. Der Machtkampf kann die Form eines Stellungs- oder Grabenkrieges haben, er kann sich auch ganz in der Stille, in kaum zu sich selbst gesprochenen Worten und innerlich geführten Dialogen abspielen. Zeus und Hera haben sich vielleicht tief in den Partnern verborgen. Da scheint es dann so – und alle, einschließlich der Eheleute, machen sich das vor –, daß »alles gutging, bis diese Frau auftauchte«. Aber bei genauerem Hinsehen war es nie so. Schon vor dieser Krise waren die Partner ein Zeus-Mann und eine Hera-Frau, die verstrickt waren in jenen fortschreitenden, zerstörerischen Prozeß, den wir »symmetrische Eskalation« genannt haben. Die Semele-Frau wird in diesem Machtkampf nur mit einbezogen, wird als wechselnde Bundesgenossin Teil dieses Machtkampfes und wird zwischen den Fronten zerrieben, aber sie ist nicht dessen Ursache. Damit ist eine erste Antwort auf unsere eingangs gestellte Frage nach der Rolle der Geliebten in der Dreiecksbeziehung gegeben. Diese Antwort reicht aber noch lange nicht aus.

Die Geliebte als
stabilisierender Faktor

Semele läßt den Machtkampf zwischen Zeus und Hera, der schon fast von Anfang an da war, sichtbar werden, sagten wir zuletzt. Allerdings: sichtbar werden nur für den Außenstehenden. Die unmittelbar Beteiligten, Zeus und Hera, »benützen« Semele lieber, um sich von diesem Machtkampf und vor allem von seinen tieferen Ursachen abzulenken und sich nicht damit zu konfrontieren. Damit setzen wir zu einer zweiten Antwort an: Semele sorgt dafür, daß die Ehe zwischen Zeus und Hera wieder »in Ordnung kommt«. Die Geliebte erhält in Streitbeziehungen oft eine stabilisierende Funktion. Diese Aussage scheint der Erfahrung zu widersprechen, denn wann gehen die Wogen höher als dann, wenn Hera Zeus bei Semele entdeckt? Aber sehen wir genauer hin!

Streitbeziehungen haben in sich selbst die Tendenz, zu eskalieren. Da jeder von beiden sich *gegen* den andern zu behaupten sucht, ist er ständig dabei, sich vom anderen zu distanzieren. Das ergibt eine Kluft zwischen den beiden, die immer größer wird. Ein fortschreitender Spaltungsprozeß ist im Gang, und so wie bei der Rüstungsspirale wird eine Katastrophe immer wahrscheinlicher. Der Abgrund des offenen Bruchs tut sich auf. Das macht angst, und darum suchen solche Paare einen Ausweg. Ein solcher Ausweg ist oft ein Dritter, der zwar den Konflikt nicht löst, aber den Auflösungsprozeß vorübergehend stoppt oder verlangsamt und somit als ein stabilisierender Faktor wirkt.[11] Ein solcher stabilisierender Dritter kann zum Beispiel ein Kind sein, das plötzlich akute Schwierigkeiten macht und um das man sich gemeinsam kümmern muß, so daß man die eigenen Konflikte zurückstellt; oder es kann ein zu Rate gezogener Pfarrer sein, der sich – der Arme! – die Klagen der Frau anhört und sie dadurch entlastet; oder aber es kann – eine Geliebte sein.

Daß die Geliebte vor ihrer »Enttarnung« eine stabilisierende Funktion für den Zeus-Mann und über ihn für die Beziehung ausüben kann, das ist leicht zu sehen: Für ihn wird sie zum Ventil, durch das der wachsende Konfliktdruck aus seiner Beziehung entweichen kann. Bei der Geliebten kann er seinen Aggressionsstau loswerden, wenn er sich darüber beklagt, wie schlecht ihn die Hera-Frau behandelt und wie unmöglich sie ist; und bei ihr kann er seinen Bedürfnisstau abbauen, weil er mit ihr schläft und zärtlich ist. »An meine Brust, geliebtes Kind! Die Sorgen mir vertreib!« Diese Worte singend, eilt in der Händel-Oper der gestreßte Zeus zu Semele.[12] Blieben die Kräfte der angestauten Wut und der frustrierten Bedürfnisse unausgedrückt noch länger in der Beziehung zwischen Zeus-Mann und Hera-Frau, gäbe das ein Konfliktpotential von gefährlicher Sprengkraft. So aber kann dieses Potential abgebaut werden, und der Zeus-Mann hat keinerlei Veranlassung mehr, sich mit der Hera-Frau ernsthaft auseinanderzusetzen, sondern er kann diese Beziehung mit den Annehmlichkeiten, die sie trotz allem auch noch bietet, unbeschadet weiterführen. Bei seiner Frau hat er Sicherheit und Geborgenheit, bei seiner Geliebten Verständnis und Befriedigung. Warum sollte er das gefährden wollen? Die Geliebte nimmt das wohl oft deshalb in Kauf, weil es ihr selbst zunächst entgegenkommt, daß der Zeus-Mann nicht »ganz« zu haben ist, und so akzeptiert sie die Rollen der Klagemauer und Bedürfnisbefriedigerin.

Damit hilft sie, das hochgefährdete Gleichgewicht zwischen Zeus-Mann und Hera-Frau einigermaßen wiederherzustellen, jedenfalls vorübergehend, wobei dieses »vorübergehend« manchmal Jahrzehnte dauern kann, wenn man manchen Erfahrungsberichten glauben darf.

Auch dann, wenn Dreiecksbeziehungen offen gelebt werden, wenn die Frau also darum weiß, die Geliebte kennt und man darüber unter Umständen sogar miteinander im Gespräch ist, ist das sehr oft die Funktion der Geliebten: das bedrohte Gleichgewicht aufrechtzuerhalten. Wenn es sie, die Geliebte, nicht gäbe, müßte man sich ernsthaft über manche heiklen Themen streiten: über die Sexualität, Nähe, Autonomie . . . So aber kann man mit dem Problem, das man mit dem einen hat, zum andern gehen und es dort loswerden. So kann es sein, daß die Hera-Frau froh ist, daß der Zeus-Mann bei der Semele-Frau Sexualität lebt und sie damit in Ruhe läßt, und der Zeus-Mann erleichtert ist, aus dem vielleicht chaotischen Haushalt seiner Semele-Geliebten zur sicheren Ordnung der Hera-Frau zurückkehren zu können, und die Semele-Geliebte ist vielleicht ganz zufrieden, daß sie ihn dort mit seinen Alltagsallüren »aufgehoben« weiß. Da, wo es schwierig werden könnte, können sie sich ausweichen, weil immer ein Dritter da ist. Damit braucht es keine direkte Auseinandersetzung mehr, keine Distanzierung »Auge in Auge«, und man muß sich dem anderen nicht mehr in letzter Konsequenz zumuten. Die Gefahr einer schmerzhaften Trennung taucht nicht mehr auf, allerdings fehlt einer solchen Konstellation auch jede Verbindlichkeit, und dies scheint auf die Dauer ein Gefühl von Schmerz und Vereinsamung hervorzurufen, das keinen der Beteiligten zur Ruhe kommen läßt.

Bis hierher ist die stabilisierende Funktion der Geliebten in krisenhaften Paarbeziehungen deutlich und nachvollziehbar. Wie aber ist es, wenn die Hera-Frau die Beziehung ihres Mannes entdeckt und sie ablehnt? Dann kann doch von einer stabilisierenden Funktion nicht mehr die Rede sein. Dann wird doch erst deutlich, wie zerstörerisch sich diese Außenbeziehung auf die Ehe auswirkt! Das muß durchaus nicht immer so sein. Auch in diesem Fall spielt die Geliebte oft eher eine eheerhaltende als ehezerrüttende Rolle. Sehen wir uns doch den Mythos an: Als die Beziehung entdeckt wird, richtet Hera ihre ganze Wut auf Semele. Sie wird zur Zielscheibe ihrer Vernichtungsstrategie. Semele verletzt ihre Ehre, beschmutzt ihr Lager, maßt sich eine Stellung an, die ihr nicht gebührt. Damit braucht Hera nicht mehr auf ihren eigenen Anteil an der Beziehungsmisere zu sehen, mit ihrer Wut auf Semele entlastet sie sich selbst. Aber nicht nur sich entlastet sie, sie entlastet auch Zeus. Statt sich mit ihm auseinanderzusetzen, mit seiner Willkür, seiner

Unzuverlässigkeit und Unersättlichkeit, macht sie Semele zum Sündenbock, der vernichtet werden muß – in der Illusion, damit wäre auch die Ursache der Beziehungskrise beseitigt.

Ich muß sagen: Einerseits imponiert mir ja diese Hera, die mit ungebrochenem Selbstbewußtsein alle Hebel in Bewegung setzt, um ihre Rivalin zu verderben. Mit ihrer Robe füllte sie in der szenischen Darstellung der Oper die ganze Bühne aus. So kann ich auch jenen Hera-Frauen meine Anerkennung nicht versagen, die nicht in Hilflosigkeit, Selbstabwertung und Depression versinken, wenn die Liebesbeziehung ihres Mannes entdeckt wird, sondern mit Wut reagieren. Wenn sie allerdings aus dieser Wut heraus die Geliebten ihrer Männer anrufen und sie beschimpfen oder ihnen nachfahren und sie verprügeln (alles Auseinandersetzungsstrategien, die heute durchaus noch gang und gäbe sind), dann wählen sie genau wie Hera den falschen Weg, um ihre Wut loszuwerden. Zeus wäre der richtige Adressat. Damit, daß sie ihn schont, bestätigt Hera die patriarchale Ordnung, die sie sonst so wütend bekämpft. Damit, daß sie Semele allein die Schuld gibt, verrät sie ihr eigenes Geschlecht. Diesen Preis zahlt sie, damit die »Ehre« wiederhergestellt und sie wieder die Göttin ist, die den Gemahl in ihrem Gemach empfangen kann. Dafür muß Semele verbrennen.

So sorgen die Geliebten in Dreiecksbeziehungen sehr oft dafür, daß krisenhafte Ehen ihre intakte Fassade wiedergewinnen. Was hier im Mythos so offen zutage liegt, unterscheidet sich oft sehr viel weniger von unseren Realitäten, als es zunächst scheinen mag.

Wenn die Ehefrau in wochenlange Depressionen fällt oder den Mann mit seiner Verantwortung für die Familie und die Kinder unter Druck setzt und darin die ganze Auseinandersetzung mit der Problematik besteht, dann sieht das zwar sehr anders aus als Heras Feldzug mit List und Tücke, aber sie macht die Geliebte damit genauso zum Sündenbock und gibt sich ebenso der Illusion hin, dadurch könnte ihre Ehe wieder in Ordnung kommen. Und selbst wenn die Frau ihren Mann weder in dieser noch in jener Weise bedrängt, sondern dieser aus »eigenem Entschluß« die Beziehung zur Geliebten abbricht, kann es sein, daß sich genau dasselbe abspielt. Denn wenn darin seine ganze Auseinandersetzung besteht, daß er sich mit der Frage quält, was er aus moralischen oder religiösen Gründen tun »soll«, anstatt nach den Ursachen des zerstörerischen Prozesses in ihrer Beziehung zu suchen, dann unterwirft er sich eben seiner »inneren« Hera, ob sie nun »Kirche« oder »Gesellschaft« heißt, und handelt wie Zeus, der im Mythos ja auch vor Hera kapituliert, wenn er, der es sonst ja nicht so genau nimmt, plötzlich sein Wort halten und Semele mit seinem Blitz verbrennen »muß«.

Das ist also unsere zweite Antwort auf die Frage nach der Rolle der Geliebten in der Dreiecksbeziehung: Semele und ihren Nachfolgerinnen kommt sehr oft eine eheerhaltende Funktion zu. Die dramatischen Ereignisse im Beziehungsdreieck bringen eine gewisse Entladung. Erregung, Sexualität und Aggression können ausgedrückt und ausgelebt werden. Semele hat das alles auf sich gezogen. Damit tritt zwischen Zeus und Hera wieder eine gewisse Beruhigung ein. Zwischen den beiden scheint – Gott sein Dank – alles wieder in Ordnung zu sein.

Freilich: Die Ordnung ist wiederhergestellt, aber nur nach außen. Der Konflikt ist nicht gelöst, seine Wurzel noch nicht einmal berührt. An dem zerstörerischen Kampfmuster hat sich nämlich nichts geändert. Der alte Streit wird wieder aufflackern, zunächst vielleicht kaum merklich, aber dann wieder stärker und heftiger, bis die alte Eskalation wieder in vollem Gange ist. Dann wird der Konflikt wieder auf einen Höhepunkt zutreiben, bis sich die nächste Geliebte findet, die dafür sorgt, daß es nicht zum völligen Auseinanderbrechen kommt, sondern das alte Spiel von vorne beginnt.

Dies gilt sogar dann, wenn sich der Zeus-Mann von der Hera-Frau trennen und die Semele-Frau heiraten sollte. Wenn dies ohne weitere innere Auseinandersetzung mit dem erwähnten Machtkampf-Muster geschieht, sind die Chancen äußerst groß, daß Semele über kurz oder lang zu einer zweiten Hera wird, daß sie dieselbe Rolle übernimmt und mit dem Zeus-Mann dasselbe Streit- und Machtkampfmuster beginnt wie ihre Vorgängerin. Und ebenso ist die Chance sehr groß, daß es dann eine zweite Semele braucht, die die Rolle der Geliebten übernimmt, um auch in dieser Konstellation wieder als stabilisierender Faktor zu wirken. Die Personen haben dann zwar gewechselt, aber das uneingestandene, unaufrichtige vertuschte Beziehungsmuster des eskalierenden Machtkampfes, das immer wieder nach entlastenden Dritten sucht, ist geblieben.

Die menschliche Person und Beziehungen zwischen Personen haben ihren Wert und ihren Sinn in sich selber. Was in Beziehungsdreiecken geschieht, wenn sie nicht zu intensiven Auseinandersetzungen genutzt werden, ist, daß Menschen und menschliche Beziehungen dieses Eigenwerts beraubt werden. Sie werden funktionalisiert. Die Liebe zwischen Semele und Zeus bekommt »eine Funktion« für die Beziehung zwischen Zeus und Hera. Semele »dient« den beiden als Bündnispartnerin und Beziehungsstabilisator. Unter diesem Blickwinkel ist es also nur konsequent, daß Semele verbrennen muß.

Die geliebte Vater-Tochter

Mancher Leser wird sich nun sagen: Diese Darstellung ist einseitig. Die Geliebte ist fast nur als unschuldiges Opfer dargestellt. Aber so »unschuldig« sind die Geliebten nicht! Jetzt geraten wir in den anderen Graben: von der einseitigen Schuld-Zuschreibung zur einseitigen Schuld-Entlastung! Von Schuld möchte ich in diesem Zusammenhang überhaupt ungern reden. Lange genug hat man sich – vor allem in diesem Bereich – mit Schuldsprüchen vor einer wirklichen Auseinandersetzung gedrückt. Aber eines ist richtig: Die Geliebte ist nicht nur »Opfer«, an dem etwas geschieht, sie ist auch »Täterin«, Täterin in dem Sinn, daß sie bei dem Geschehen kräftig und aus ureigenster Motivation mitwirkt. Auch die Oper stellt Semele so dar: Sie inszeniert einen heftigen Eklat, indem sie die Hochzeit platzen läßt, sie mobilisiert Zeus, damit er sie entführt, sie versucht ihn in ihrem Liebesnest festzuhalten, wenn er zu seinen Regierungsgeschäften aufbrechen will, und noch bevor Hera auf ihre List verfällt, beginnt sie, mit ihr zu konkurrieren. Natürlich, Semele ist kräftig an den Verwicklungen des Dreiecks beteiligt. Dies kam im vorigen Kapitel nicht zum Tragen, weil mein Blick auf die vom Streitpaar Zeus – Hera ausgehende Dynamik gerichtet war. Nun aber wende ich mich Semele zu und schaue von ihr aus auf das Geschehen. Ich bewege mich damit in einem neuerlichen Interpretationsgang auf das Beziehungsdreieck zu und versuche, eine dritte Antwort auf die Frage nach der Rolle der Geliebten in der Dreiecksbeziehung zu finden.

Wie kommt es, daß Frauen wie Semele in solche Machtkampf-Beziehungen geraten, in denen sie oft zugrunde gehen? Semele erinnert mich an viele »Geliebten«, die ein ähnliches Schicksal erlitten haben und immer wieder erleiden, oder jedenfalls an bestimmte Seiten in ihnen, die in solchen Dreiecksbeziehungen besonders zum Zuge kommen. Semele verkörpert für mich einen Typ von Frau, den ich am besten die »Kind-Frau« nenne, eine Mischung aus »freiem Kind«[13] und attraktiver Frau. Sie ist strahlend, lebendig, lieb und begeisterungsfähig, manchmal auch keck, kapriziös und ansprüchlich, hingebungsvoll, körperbezogen und lustbetont. Diese Kind-Frau war als Kind – wie es auch von Semele berichtet wird – eine »Königstochter«. Sie war die »Prinzessin« ihres Vaters, und der Vater war ihr »König«. Ein einzigartiges Verhältnis bestand zwischen ihnen. Er liebte und vergötterte sie, und sie liebte und vergötterte ihn. An einer Episode, die eine »Semele-Frau« aus ihrer Kindheit schilderte, wurde mir das Besondere dieses Verhältnisses deutlich: Der Vater saß am Klavier und spielte vor den Gästen der Familie, und weil die kleine Tochter wußte, wie sehr er das liebte, trat sie in den Kreis und tanzte zur Musik, und die Gäste applaudierten begeistert. Die Kind-Frau war ein Mädchen, das für den Vater tanzte, und der Vater war hingerissen ... Die eigentliche erotische

Beziehung in dieser Familie bestand zwischen ihr und ihm und nicht zwischen ihm und seiner Frau. Wie weit diese das vertragen konnte, hing sehr davon ab, über wieviel Selbstvertrauen als Frau und wie viele andere Zuwendungsquellen sie verfügte. Die Schönste, Liebste, Beste für den Vater war die Tochter ...

Das ist zwar schön, aber auch sehr problematisch. Es bedeutet nämlich, daß die Semele-Frau nur eine Seite des Kindseins leben durfte: die liebe, strahlende, zärtliche. Sie mußte zur Musik und zum Rhythmus des Vaters tanzen – die dunklen Töne und die wilden Rhythmen, die zu ihrer eigenen Lebensmelodie auch gehörten, blieben draußen.

Außerdem kam sie dadurch in der Familie in eine Position, die ihr nicht zustand: Sie geriet an die Seite des Vaters. Das war ein Platz, an den eigentlich ihre Mutter gehörte, die dadurch für sie eine bedrohliche oder untergeordnete Rolle zu spielen begann, wodurch sie sich den Zugang zu ihr versperrte. Außerdem war es ein Platz, auf dem sie sehr früh ein erotisches Verhaltensrepertoire entwickeln mußte, was ihr zwar ihren unverwechselbaren Charme gab – als Kind und als Frau –, aber zugleich in ihr Verwirrung darüber stiftete, was nun zu »Kind und Vater« und was zu »Mann und Frau« gehörte.

Trotz oder vielleicht gerade wegen dieser einzigartigen Vater-Beziehung bleibt ein solches Verhältnis meist nicht ohne Bruch, wenn das Mädchen heranwächst. Händel und sein Textdichter schildern in der Oper die Beziehung zwischen Semele und ihrem Vater Kadmos als äußerst gespannt. Mehrmals lassen sie ihn von seiner »Sorge« und »Not« singen. Wenn eine so sehr geliebte Tochter zur Frau heranwächst, mag sie allzu attraktiv für ihn werden, sie wird vielleicht auch frech, schnippisch und abwertend. Sie beginnt, sich für – jüngere! – Männer zu interessieren. In der Oper will der Vater dieser Not und Sorge mit Semele begegnen, indem er sie mit einem Mann seiner Wahl, mit dem Prinzen Athamas, zu verheiraten sucht, den jedoch Semele vollkommen ablehnt. Dieser Athamas wird in der Oper von einem feminin wirkenden Conter-Tenor verkörpert, während dem Vater Kadmos ein kräftiger Baß zur Verfügung steht, so als sollte damit zum Ausdruck kommen: Der eigentlich bestimmende wird immer noch der Vater sein. Er sucht ihr einen Mann, der ihm nicht gefährlich wird, weil er ihm nicht gewachsen ist und sich seinen Vorstellungen anpassen wird. So bleibt er weiter der »wichtige« und der »einzige«. Aber sie lehnt natürlich ab und provoziert ihren Vater aufs äußerste. Die heranwachsende Semele-Tochter tanzt aber immer noch vor ihrem Vater! Zwar nicht mehr im Rhythmus seiner Musik, aber der Gegenrhythmus, den sie wählt, ist für beide noch genauso faszinierend und verbindend wie der frühere, und es ist immer noch nicht ihr eigener! Weil es kaum noch vorkommt, daß Väter ihren Töchtern den Mann aussuchen, wählt sie heutzutage oft selber einen Athamas, findet ihn aber genauso langweilig, bricht die Beziehung bald wieder ab oder hält sie auf Sparflamme. So bleibt sie – versteckt und gegen den äußeren Anschein – noch immer ganz und gar auf den Vater bezogen.

Wenn die Semele-Frau, erwachsen geworden, schließlich das Haus verläßt, ist sie prädestiniert dazu, einen »Zeus« als Geliebten zu finden, einen etablierten, höhergestellten, älteren Mann, der verheiratet ist und Kinder hat ...

Sie realisiert meistens nicht, wie stark schon äußerlich die Parallelen zu ihrem Vater sind. Zeus erscheint ihr verborgen in menschlicher Gestalt. Daß sie in ihm ihren eigenen »Göttervater« sucht, ist ihr nicht bewußt. Ihr ist wichtig, daß er keine so spießigen Ansichten äußert wie ihr Vater und daß er »ein ganz anderer Mann« ist als so ein »Athamas«.

Darum kann sie als Geliebte diesem Mann gegenüber alles ausdrücken, was der Vater an Liebe in ihr geweckt hat was sie ihm aber nicht zeigen durfte, konnte oder wollte. Ihm aber – ihrem »Zeus« – kann sie sich aus vollem Herzen hingeben, leidenschaftlich, lustvoll. Es geht dabei aber mehr um ihren Vater und um ihre ungelebte Liebe zu ihm als um den Geliebten, doch das merkt sie zu diesem Zeitpunkt nicht. Daß es ein »verbotenes« Verhältnis ist, das sie verschweigen muß, ängstigt sie manchmal, ist ihr aber auch ganz recht. Sie meint, damit hätte sie sich nun endgültig von ihrem Vater abgesetzt, der gegen diese Beziehung ja Sturm laufen würde, wenn er davon wüßte.

Daß die Beziehung aussichtslos ist, weil er vielfältig gebunden ist, familiär, beruflich und so weiter, kommt ihr ebenfalls zugute: Er muß immer wieder weg, der Trott und die Routine können sich nicht breitmachen, und außerdem entgeht sie damit der Gefahr, daß er ihr Leben so zu beherrschen beginnen könnte, wie das ihr Vater tat.

Auch daß die Beziehung »im geheimen« gelebt werden muß, ist für sie in Ordnung. Da entsteht kein Gerede, keine Öffentlichkeit, kein Erwartungsdruck von außen, keine Festschreibung, die sie ohnehin haßt. Sie bemerkt nicht, daß auch dies eine Wiederholung ist: Die Beziehung zu ihrem »Zeus« ist genauso verboten, aussichtslos und geheimzuhalten, wie es die Beziehung zu ihrem Vater war.

Der Zeus-Mann scheint für die Semele-Frau der ideale Partner zu sein, die Rolle der Geliebten im Beziehungsdreieck ist ihr auf den Leib geschrieben. Dies ist durchaus auch in einem positiven Sinn zu verstehen: Der Zeus-Mann kann für die Semele-Frau zum »Übergang« werden vom Vater zum Partner, weil sie in einem verborgenen Schonraum ein wichtiges Experimentierfeld hat, hier die Liebe zu ihrem Vater ausleben, von dem erfahrenen älteren Mann vieles lernen und ihre Möglichkeiten als Frau einem Mann gegenüber entfalten und erkunden kann.

Allerdings: Viele Semele-Frauen verpassen diesen Übergang. Dann allerdings wird die Beziehung zur bloßen Wiederholung ihres »familiären Dreiecks«, eine aussichtslose, nicht wirklich lebbare, verbotene Beziehung, weil »er« wie Zeus eben doch in einer anderen Welt lebt, zu der sie keinen Zutritt hat und in der eine Hera so wie ihre Mutter letztlich doch die mächtigere ist, der gegenüber sie, trotz ihrer Vorzüge, keine Chance hat.

Bei der Geliebten meldet sich zwar wie bei ihrem mythischen Urbild Semele der Wunsch, Zeus in seiner »wahren Gestalt zu sehen«, das heißt mit dem Versteckspiel aufzuhören. Aber dann müßte sie Abschied von der Rolle der Geliebten nehmen. Doch diese Rolle liebt sie oft über alles. Sie aufzugeben macht ihr angst, und darum spielt sie diese weiter. Sie bleibt die Geliebte im Beziehungsdreieck. Damit bleibt sie aber auch das kleine Mädchen, das für den Vater tanzt, auch wenn ihr die Füße brennen wie der kleinen Seejungfrau und sie manchmal todmüde das Ende der Tortur herbeisehnt.

Aus der Sicht von Semele ist es also die Rolle der Geliebten im Beziehungsdreieck, ihr eigenes altes verinnerlichtes »Familien-Dreieck« aufrechtzuerhalten. Ohne es zu wissen und zu wollen, allerdings meist nicht, ohne es zu ahnen, »benützt« sie ihrerseits den Ehemann als väterlichen »Zeus« und seine Frau als gefährlich-mütterliche »Hera«, um in der Rolle der geliebten und gefährdeten Vater-Tochter zu bleiben. So geht es also auch von Semele aus gesehen um die Aufrechterhaltung eines alten Beziehungsmusters, nämlich das ihres eigenen verinnerlichten familiären »Dreiecks«: Die Bindung der Tochter an den Vater und ihre geheime Rivalität zur Mutter gehen weiter, der Schritt von der Tochter zur Frau wird vermieden, auch wenn sie den Jahren nach schon lange im Erwachsenenalter lebt.

Es ist zu begrüßen, daß viele Frauen, die Geliebte sind, heute nicht mehr schweigen, sondern sich deutlich vernehmbar machen und sagen, was sie erleben und erleiden. Sie leisten damit ein wichtiges Stück Aufklärungsarbeit darüber, wie es hinter wohlanständigen gesellschaftlichen und kirchlichen Fassaden wirklich aussieht. Manchmal wird diese Aufklärungsarbeit aber in den Dienst einer Aussage gestellt, die etwa lautet: Wir sind die ewig wartenden Frauen im Schatten. Wir sind rechtlos, wir sind die Opfer: Wir sind die Opfer dieser unaufrichtigen Männer, die zu feige sind, zu ihren Gefühlen zu stehen, und wir sind die Opfer dieser ganzen verlogenen Gesellschaft und ihrer hohl gewordenen Institution Ehe.[14] Dieser Tendenz möchte ich entgegenwirken, indem ich auf Zusammenhänge wie die eben dargelegten hinweise. Ich will daran deutlich machen, daß es immer eine solche oder vergleichbare eigene Dynamik gibt, aus der heraus Semele zur Geliebten wird. Damit hat sie auch ein eigenes Stück Verantwortung – und auch Veränderungsmöglichkeit.

Zeus und Hera
brauchen Semele

Wenn die Semele-Frau die Rolle der geliebten und gefährdeten Vater-Tochter nicht aufgibt, liegt es freilich auch nicht wieder nur an ihr. In dieser Rolle wird sie vom Zeus-Mann *und* von der Hera-Frau »dringend gebraucht«. Wir haben bereits gesehen, welch wichtige Funktion ihr in dieser Beziehung zugedacht ist. Wir versuchen nun, dies noch tiefer zu verstehen, indem wir der Frage nachgehen, was Zeus-Mann und Hera-Frau vor ihrer Ehe erlebt haben mögen, so daß sie eine Beziehung eingehen, die eine »geliebte Vater-Tochter«, eine Semele-Frau, mit magischer Kraft in sich hineinzieht. Damit knüpfe ich an die Überlegungen zur Beziehungsform zwischen Zeus und Hera wieder an, betrachte sie aber jetzt aus lebensgeschichtlicher Perspektive, ähnlich wie im vorangegangenen Abschnitt, und versuche damit eine weitere, eine vierte Antwort auf die Frage, welche Rolle die Geliebte in der Dreiecksbeziehung spielt.

Wir sagten: Zeus und Hera hatten eine typische Streitbeziehung, in der es nicht um das Thema des einzelnen Streits, sondern um die Macht ging. Woher dieser Machtkampf? In der Überlieferung aus vorolympischer, kretischer Zeit wird Hera als große Mutter- und Liebesgöttin geschildert.[15] Zeus ist ihr jüngerer Bruder, er erscheint als sterblicher Gott und als

Sohn-Geliebter, den Hera sich zum Gatten wählt und anvermählt. Wir begegnen also in Hera der Repräsentantin einer matriarchalen Ordnung. Ein späterer Hochzeitsbericht, in dem Hera zwar die Hochzeit erzwingt, die Initiative zur Beziehung jedoch von Zeus ausgeht, signalisiert den Übergang vom vorolympischen, kretischen Matriarchat zum Patriarchat der olympischen, griechischen Zeit. Von jetzt an tritt der Göttervater in den Vordergrund. Die griechische patriarchale Ordnung löst also die matriarchale kretische ab.

Aber offenbar ist es bei diesem Wechsel zu keiner Synthese gekommen. Zeus hat sich mit Gewalt an die Spitze gesetzt, Hera erlebt dies als Niederlage, die sie nicht verwinden kann. Sie unterliegt zwar immer wieder, aber sie gibt nicht auf. Sie kämpft um ihre matriarchale Position, sie kämpft um ihre Bedeutung als Frau. Das aber veranlaßt den Göttervater nur um so stärker, seine patriarchale Position, seine Vormachtstellung als Mann, dem entgegenzusetzen. Matriarchat und Patriarchat polarisieren sich gegeneinander und setzen sich absolut, Frau und Mann stehen sich in den beiden nicht als Vertreter und Kooperationspartner auf eine höhere Ganzheit hin gegenüber, sondern als Vertreter zweier fremder Welten und damit als Feinde.

Das ist das eigentliche Thema im Machtkampf der Streitpaare: Die Frau vertritt wie Hera eine matriarchale Position, sie bestimmt im Haus, in der Familie, bei den Kindern, und weil sie sich in dieser Rolle von ihrem Mann nicht unterstützt, nicht geachtet und anerkannt fühlt, setzt sie diese Welt gegen die seine und

verabsolutiert sie damit. Der Mann hingegen lebt
ganz in der Männerwelt seines Berufes, kann davon
wenig zu Hause vermitteln, versucht aber mit den
Verhaltensweisen, die er dort gelernt hat, zu Hause
bei der Frau und bei den Kindern Einfluß zu gewinnen, wird damit zurückgewiesen, fühlt sich dadurch
seinerseits abgewertet und behauptet seine patriarchale, männliche Position darum nur um so härter
gegen sie. Sie kämpft – gegen ihn – um sich als Frau,
und er kämpft – gegen sie – um sich als Mann. Als Frau
und Mann fehlt ihnen die Anerkennung voneinander,
und deshalb versuchen sie, über den anderen Macht
zu gewinnen, um diese Anerkennung vom anderen zu
erzwingen. Das ist wie bei Zeus und Hera der tiefere,
der eigentliche Inhalt hinter allen oft so belanglosen
Inhalten des fortdauernden Streits.

Warum aber vermögen sie sich in ihrem Frau-Sein
und Mann-Sein nicht anzuerkennen? Warum müssen
sie es gegeneinandersetzen und als absolut gegeneinander behaupten, anstatt sich miteinander und einander ergänzend auf den Weg zur ersehnten Ganzheit
des Lebens zu machen? Was sind die tiefsten Wurzeln
dieses Kampfes? Sehen wir uns an, wie solche Beziehungen oft zustande kamen. Dafür liefert uns überraschenderweise wiederum die Geschichte des olympischen Paares wichtige Hinweise. In der vorolympischen Überlieferung wird berichtet, daß Rhea ihren
Sohn Zeus nach der Geburt vor dem Vater Kronos
verbarg, weil dieser aus Angst vor Entmachtung seine
männlichen Nachkommen zu verschlingen pflegte[16],
Rhea aber endlich einen ihrer Söhne behalten wollte.
Hera, die ältere Schwester des Zeus, erbat sich nun

den kleinen Zeus von der Mutter, versorgte ihn im verborgenen, erkor sich ihn zum Gatten und vermählte sich mit ihm im geheimen und ohne Wissen der Eltern. Hera ist also hier eindeutig der dominierende Teil. Sie ist die mütterliche, ältere Schwester, die Retterin und die große Mutter- und Liebesgöttin, die sich den jüngeren, sterblichen Zeus zu ihrem Sohn-Geliebten erwählt.[17]

Ähnliche Vorgeschichten finden wir oft bei späteren Streitpaaren. Die Frau war beim Zustandekommen der Beziehung eine Hera, sie war die Stärkere und bestimmte das Geschehen. Der Mann war wie Zeus eine Art jüngerer Bruder und jungenhafter Liebhaber, den zu bekommen gar keine einfache Sache war. Der Zeus-Mann war zu diesem Zeitpunkt nämlich trotz möglicherweise schon zahlreicher anderer Beziehungen eigentlich mit seiner Mutter verheiratet. Denn als Kind hatte er einen »kinderfressenden« Kronos-Vater, einen unbarmherzigen, strengen Mann, fordernd und strafend. Der Junge fühlte sich von ihm überfordert und bedroht, die Angst versperrte ihm den Zugang. Die Mutter mußte ihn »vor ihm verstecken«, das heißt, sie war seine einzige Zuwendungsquelle. So konnte sich seine Bindung an sie mit fortschreitender Entwicklung nicht lockern, zumal in solchen Familien die Frau oft ebensoviel Angst vor ihrem Gatten hat und darum beim Sohn die einzige männliche Zuwendung findet. Solche Männer, mit ihren Müttern in einer Art Schutz- und Trutzbündnis gegen einen grausamen und hart erlebten Gatten und Vater verbunden, finden nicht leicht eine Frau, es sei denn, daß diese eine »Hera« ist, also stark genug, ihn da rauszuholen. Natürlich hilft ihr dabei, daß sie jünger und attraktiver als die Mutter ist und außerdem nicht wie diese mit dem Inzest-Tabu belegt, so daß sich mit ihr auch die zum Ausdruck drängende Sexualität leben läßt.

Aber warum sucht sich die starke Hera-Frau diesen noch gar nicht starken, »jüngeren«, »sterblichen«, von der Mutter gebundenen Zeus-Mann? Dies wiederum liegt in ihrer Familiengeschichte begründet. So wie die Göttin Hera hatte auch sie oft eine starke Position in ihrer Familie, war wie sie eine Art »Stellvertreterin« der Mutter, immer schon »groß« und nie wirklich ein typisches Kind. Solche Töchter, auch wenn sie oft auf der Seite der Mutter zu stehen scheinen, sehnen sich in ihrem Herzen über alles nach dem Vater, aber sie vermögen ihre Liebe nicht auszudrükken, weil sie von ihm nicht erwidert wird. Für die Hera-Frau ist der Kronos-Vater nicht so gefährlich wie für die männlichen Nachkommen, aber er ist für sie fern und unerreichbar. Darum strengt sie sich an, ihm ihre Liebe anders deutlich zu machen. Sie wird tüchtig, verläßlich, umsichtig und fürsorglich, übernimmt viele Funktionen ihrer Mutter, wird zu ihrer »Stellvertreterin«, auch weil sie manchmal den Eindruck hat, diese wäre nicht ganz die richtige Frau für den Vater, sonst könnte dieser doch nicht so verschlossen und unnahbar sein. Für diese Leistungen bekommt sie vom Vater zuweilen auch tatsächlich Anerkennung, aber weil sie dunkel fühlt, daß damit nicht eigentlich sie als Person, als Mädchen gemeint ist, und weil sie keinen anderen Weg findet, versucht sie immer noch mehr zu leisten, groß, tüchtig und verläßlich zu sein.

Das ist mühsam, die Hera-Frau spürt das, und sie leidet darunter.

Da trifft sie den Zeus-Mann, und der ist zu diesem Zeitpunkt noch nicht so fern und übermächtig, im Gegenteil, er braucht sie dringend, weil sich zwar in ihm die Kräfte regen, die weg von der Mutter zu einem eigenen Leben drängen, er aber gleichzeitig nicht den Mut aufbringt, diesen Schritt allein zu tun. Das spürt sie intuitiv, und sie fühlt, daß da einer ist, der sie braucht, der sich endlich lieben läßt und diese Liebe fasziniert erwidert. Zum ersten Mal erlebt sie, daß ihre Liebe für einen Mann unendlich wichtig ist und von ihm erwidert wird.

So treffen sich in den beiden, in der Hera-Frau und im Zeus-Mann, zwei Menschen, die ideal zusammenzupassen scheinen: Er findet in ihr die tüchtige, tatkräftige Frau, die ihn von der Mutter löst und vor dem Vater behütet, und sie findet in ihm einen weichen, einfühlsamen Sohn-Geliebten, der sie braucht und bei dem ihre Liebe voll ankommt. Sie hat in ihrer Familie gelernt, zuzupacken, tüchtig und umsichtig zu sein, und er hat in seiner Familie gelernt, einfühlsam und anschmiegsam zu sein. Zunächst dominiert also die Frau gleichsam wie Hera als Mutter- und Liebesgöttin, die Beziehung hat eindeutig matriarchale Struktur. Beide beachten allerdings zu diesem Zeitpunkt nicht, daß er mit ihr nur die Beziehung zu seiner Mutter fortsetzt und der Sohn-Geliebte bleibt, aber kein gleichwertiger männlicher Partner wird, und daß sie in ihm zwar ein »Gegenprogramm« gegen ihren Vater gewählt hat, aber damit auch keine echte Alternative, weil die Position des Vaters innerlich unangetastet und das Problem ihrer nicht erwiderten Liebe zu ihm unerledigt bleibt. Gerade weil der Zeus-Mann am Anfang so gegensätzlich ist, bleibt der Vater der Gegenstand ihrer geheimen Sehnsucht.

Im Mythos findet das darin Ausdruck, daß Zeus und Hera ihre Verbindung vor den Eltern geheimhalten müssen. Ihre Liebe muß im dunkeln bleiben, ähnlich der Liebe zwischen Amor und Psyche.[18] Das heißt: Eine solche Liebe darf nicht öffentlich werden, denn dann würde anstehen, »Vater und Mutter zu verlassen«. Er müßte die Rolle des Sohn-Geliebten aufgeben und sie die Hoffnung auf Erfüllung ihrer Vater-Sehnsucht.

Das Dunkel wird auch dadurch aufrechterhalten, daß der Zeus-Mann zu diesem Zeitpunkt äußerlich oft heftige Konflikte mit seiner Mutter inszeniert, die nach Loslösung aussehen und tatsächlich auch Versuche in diese Richtung sind. Alle positiven Eigenschaften, die er früher bei der Mutter erlebte, überträgt er nun auf die Hera-Frau, und alle negativen Seiten überläßt er der Mutter, gleichsam, um sich ihrem Bann zu entziehen. Die Mutter hatte ja für ihn immer diese beiden Seiten: Sie war seine Fee und sie war seine Hexe. Seine Fee, die ihn vor dem bösen Zauber des Kronos-Vaters schützte, seine Hexe, die ihn im Käfig festhielt. Die Mutter war Schutz und Gefängnis. Dem entsprach in seinem Herzen eine eigenartige Mischung aus Liebe und Haß. Haß, der ihn von ihr wegtrieb, und Liebe, die ihn genauso stark an sie fesselte. Die mütterliche Hera-Frau scheint ihn daraus zu befreien. Er spaltet sein Mutterbild: Die positiven Züge, ihre Zuneigung, ihren Schutz, sieht er bei ihr, die negativen, ihren Besitzanspruch, ihre enge Moral, läßt er bei der Mutter. Dies gibt ihm »das Recht«, die Mutter zu verlassen, doch eigentlich bleibt er bei ihr. Die erwachsene Liebe zu einer Frau darf nicht wirklich sein – sie bleibt im Dunkel, gebunden im mütterlichen Raum. Aber ebenso bleibt die Liebe der Hera-Frau im väterlichen Raum gebunden, und damit ebenfalls im »Dunkel«. Denn der im geheimen verehrte Vater bleibt unangetastet. Ihre Sehnsucht nach seiner Gegenliebe hofft immer noch auf Erfüllung. Sie wünscht sich zwar nichts sehnlicher, als Kinder vom Zeus-Mann zu haben, aber was sie sich dabei wirklich wünscht, ist, dem Vater ein Kind zu schenken, damit er sie endlich als Frau anerkenne, was sie sich ja immer schon so sehnlich wie vergeblich gewünscht hat. Der Zeus-Mann bleibt für sie der Sohn-Geliebte, dessen wichtigste Aufgabe es eigentlich ist, ihr das Kind zu ermöglichen, das sie dem Vater zeigen kann, dem Vater, der alles Männliche für sie verkörpert, das ihr die Berechtigung schenken könnte, Frau zu sein.

So leben die beiden – wie Zeus und Hera im Mythos – zunächst in einer matriarchalen Welt. Alles Negative – die festhaltende Mutter und die grausam patriarchale Welt des Kronos-Vaters – ist daraus verbannt. Sie sind verdrängt, aber sie bleiben am Werk, und weil sie nicht ins Bewußtsein gehoben werden, melden sie sich – zuerst allmählich, dann immer intensiver – in jenem zerstörerischen Prozeß, von dem wir gesprochen haben und der nach außen hin die Form der Streit- und Kampfbeziehung annimmt.

Der Zeus-Mann macht wie sein mythisches Urbild Karriere. Die väterlichen Kronos-Seiten, von denen er sich nur distanziert, mit denen er sich aber nie auseinandergesetzt und die er sich nie auf seine Weise anverwandelt hat, beginnen in ihm lebendig zu werden. Der Zeus-Mann drängt nach oben wie sein olympisches Urbild, mit erstaunlicher Härte und trickreicher Geschicklichkeit, oder aber – mehr veredelt – mit intellektueller Brillanz und strategischem Kalkül. Aus dem Dunkel der Verdrängung taucht plötzlich ein patriarchalischer Absolutheitsanspruch auf. Nie geahnte Chauvi-Aussprüche bekommt die Hera-Frau plötzlich zu hören. Sein allzu glorifiziertes Bild von ihr läßt sich im nahen Zusammenleben nicht mehr aufrechterhalten. Der Alltag fordert seinen Tribut. Der Zeus-Mann beginnt, die abgespaltenen negativen Seiten des Mütterlichen nun von seiner Mutter zu lösen und auf die Hera-Frau zu übertragen, während die positiven in verklärender Erinnerung wieder zur Mutter zurückwandern, nach der er sich manchmal im stillen zu sehnen beginnt.

Dem kommt die Hera-Frau entgegen, weil sie einerseits die Verhaltensweisen, die sie in ihrem Elternhaus besonders gut gelernt hat und die sich als Dominanz-, Besitz- und Kontrollverhalten interpretieren lassen, nun im täglichen Leben braucht und einsetzt, und weil sie andererseits, seit Kinder da sind, als Frau deutlich weniger Interesse am Zeus-Mann empfindet. Die Rolle des Sohn-Geliebten hat sich von ihm gelöst und ist auf eines der Kinder, oft auf den ältesten oder jüngsten Sohn, übergegangen. Der Zeus-Mann hat in dieser Welt keinen rechten Platz mehr. Dazu erlebt sie mehr und mehr, wie er die unnahbaren und harten Seiten hervorkehrt und immer unerreichbarer wird – wie ehemals ihr Vater. Sie macht nun dasselbe wie ihr Mann mit seiner Mutter: Seine negativen Seiten sieht sie beim Zeus-Mann, seine positiven erstrahlen in der Erinnerung in immer hellerem Licht. Nach ihm beginnt sie sich wieder zu sehnen, und die Schwächen, die ihr der Zeus-Mann zeigt, die Blößen, die er sich gibt, werden zum Beweis, daß der Vater eben doch ein ganz anderer Mann war. Ihre Liebe zum Männlichen ist gebunden in irreale Ferne. In ihrem nahen Lebensraum lebt sie ihr Matriarchat, in dem es nur Frauen und Kinder gibt und unter ihnen einen Sohn-Geliebten, an den sich eine leise, vage Hoffnung nach Erlösung knüpft, wie damals an den jungen Zeus-Mann. Diesem Matriarchat gegenüber versucht der älter gewordene Zeus-Mann nun immer stärker, seine männliche Welt, sein Patriarchat zu behaupten. Mit den Mitteln, die er von seinem Vater verinnerlicht hat, versucht er, in das matriarchale Reich einzudringen, um darin Einfluß und Geltung zu bekommen – und wird dafür von seiner Frau nur um so entschiedener zurückgewiesen.

Jeder sieht also beim anderen nur noch die negativen Seiten, jene, mit denen es ihm schon die Eltern schwergemacht haben, seine Identität zu finden: Er macht sie vollends zur besitzergreifenden, strengen und strafenden Hera, und sie macht ihn zum rücksichtslosen, dominanten und unzuverlässigen Zeus. Beide bekämpfen aneinander diese Seiten und versuchen, die Achtung und Anerkennung in ihrem Frau-beziehungsweise Mann-Sein vom andern zu erzwingen. Das sind die tiefsten Wurzeln ihres Machtkampfes, den sie so aussichtslos konsequent miteinander führen.

Der »gute Mann« und die »gute Frau«, denen ihre Sehnsucht gilt, die sind in weite Fernen gerückt, zu ihren Eltern, die vielleicht schon lange tot sind, oder aber in Romane und Filme, die, wenn sie sie lesen oder sehen, zu ihrem eigenen Erstaunen manchmal Ströme von Tränen in ihnen zum Fließen bringen.

Beide, inzwischen älter geworden und über den Zenit ihres Lebens hinaus, sehen die Gefahr auftauchen, ihr Leben verfehlt zu haben, weil es ihnen immer weniger möglich wird, es in konkreter Hingabe an einen Mann, an eine Frau zu leben, worin sie den Sinn ihres Lebens zu finden hofften. Ein Leben in Erstarrung und Einsamkeit taucht vor ihnen auf, und jeder gibt dem anderen die Schuld daran und sieht sich jeden Tag in vielen Kleinigkeiten immer wieder darin bestätigt.

In dieser Situation taucht die Geliebte, die Semele-Frau, auf. Sie verkörpert genau das, was in der Beziehung der beiden verlorengegangen ist: Frische, Lebendigkeit, Liebes- und Hingabebereitschaft. Sie »paßt« also genau in diese Situation. In ihr erscheint dem Zeus-Mann all das, wonach seine schweifende Sehnsucht sich ausstreckt und was er schon lange verloren glaubt. Die Hera-Frau wird für ihn jetzt noch mehr zum dunklen Gegenbild, während die Semele-Frau auf diesem Hintergrund noch heller strahlt. Im Glanz dieses Lichtes erlebt er sich selbst ganz neu. Die Intensität des sexuellen Erlebens gibt ihm das Gefühl, endlich doch noch lieben zu können und ein richtiger Mann zu sein, auch einer Frau gegenüber. Die Tatsache, daß sie jung ist oder jedenfalls »Jugend« und »freies Kind« für ihn verkörpert, gibt ihm das Gefühl, bei ihr seine verlorene Jugend wiedergeschenkt zu bekommen. Denn das Kind-Sein und Jung-Sein sind ja nicht nur in der Beziehung zur Hera-Frau immer mehr zu kurz gekommen, im Grunde durfte der Zeus-Mann als geheimer Partner seiner Mutter ja nie wirklich Kind sein. Mit der Semele-Frau scheint dies für Stunden und Tage möglich zu sein, da kann er, der verantwortungsvolle, rationale Mensch, sein Göttervater-Image, das er mehr und mehr als Gefängnis erlebt, ablegen und mit ihr »freies Kind« sein. Das Versäumte und verloren Geglaubte scheint mit ihr unverhofft doch noch Wirklichkeit geworden zu sein.

Allerdings besteht die akute Gefahr, daß wiederum nichts Neues in seinem Leben passiert ist, sondern dasselbe sich wiederholt wie mit Mutter und Hera-Frau. Denn wieder scheint er sich von der Mutter nicht wirklich zu lösen. Sein Mutterbild bleibt weiterhin gespalten, nur daß die positiven Seiten sich nun auf einen realen Menschen, auf seine Geliebte konzentrieren. Sie stilisiert er zur »Semele«: Sie wird für ihn »freies Kind« und »gute Mutter« in einem. Er steht in ihr wieder nicht einer gleichwertigen erwachsenen Frau als Liebespartner gegenüber. Er ist noch immer in dem fatalen Mechanismus, der ihn in seinem tiefsten Herzen im mütterlichen Raum gefangenhält, gebunden.

So ist die Wahrscheinlichkeit sehr groß, daß der Mann, würde er sich auch von seiner Frau trennen

und zur Geliebten ziehen, ein Zeus bliebe, der Se-
mcle, sobald sie seine Gattin wäre, wieder zur Hera
macht und mit seiner Sehnsucht wieder auf die Phan-
tasiereise nach einer neuen Semele ginge, von der er
sich wirklich geliebt fühlen und die er wirklich lieben
könnte.

Hinter der Fassade des großen Zeus ist er immer
noch der kleine Junge, der in einer Mischung aus
Haß und Liebe an seiner Mutter zerrt und von ihr
nicht loskommt.

Diese Zusammenhänge spürt die Hera-Frau intuitiv sehr genau. Sie spürt, daß der Zeus-Mann sie
schon seit langem, und seit er die Außenbeziehung
hat, erst recht, auf ein einseitiges negatives Frauen-
Image festlegt, und sie fühlt, wie ungerecht das ist,
zumal sie sich im stillen immer wieder gewünscht hat,
daß der Zeus-Mann endlich die Semele-Seiten in ihr
weckt und nicht in seine Arbeit und tausend andere
Angelegenheiten ausgewichen wäre. Sie spürt, daß
auch diese Außenbeziehung wieder ein Ausweichen
ist und daß er sich etwas vormacht.

Die Außenbeziehung reißt ihre älteste und tiefste
Wunde wieder auf: Ihr ganzer Einsatz hat nichts genützt. Was sie geleistet hat, ist alles nichts mehr wert.
Seine Liebe, seine Leidenschaft gehören einer anderen! Das tut so weh, daß sie etwas braucht, um sich
zu schützen: So zielt sie auf die Blößen, die der Zeus-
Mann sich mit dieser Beziehung gibt, und beginnt,
sie moralisch abzuwerten und ihn unter Druck zu
setzen. Sie beginnt auf ihre Art den Rachefeldzug
der Göttin Hera gegen Semele.

Damit aber rettet sie sich selbst vor jener Konfrontation, die die Semele-Frau für sie hätte sein können: die Konfrontation mit ihrem eigenen Frau-Sein. Sie lebt davon nur noch die Hera-Seiten, während Semele die »andere Frau« verkörpert, die hingebungsvoll bezogene Kind-Frau. Wenn sie in dieser Situation ehrlich zu sich sein könnte, müßte sie sich sagen, daß sie in den letzten Jahren mehr und mehr von solchen Frauen fasziniert war und sich nach dieser Art Frau-Sein zu sehnen begann. Leider kann sie sich das in dieser Situation meist nicht eingestehen, sie ist zu verletzt, und darum weicht auch sie aus: in Abwertungen, Verurteilungen und Rachephantasien. Die Auseinandersetzung mit sich, mit ihrem Mann, mit ihrer Beziehung findet nicht statt.

Damit manövriert sie sich aber noch mehr in das Bild der strafenden, uneinsichtigen und verfolgenden Hera hinein und bestätigt tragischerweise das Bild, das der Zeus-Mann ohnehin schon von ihr aufbaut, und liefert der Semele-Frau nur noch mehr Gründe, ihn vor »diesem Drachen« retten zu wollen.

Die Rolle der Geliebten in dieser Dreiecksbeziehung wird nun nochmals deutlich: Semele, so wie sie uns bis jetzt erscheint, ermöglicht als »Frau im Dunkel« dem Zeus, sein Mutter- und Frauenbild weiter zu spalten in die herrschsüchtige Frau und die absolut verfügbare Frau. Damit ermöglicht sie ihm, sich vor der Verzweiflung des kleinen Jungen hinter der Fassade des Göttervaters zu retten. Denn die eine kann er bekämpfen, die andere kann er benutzen. Nach dem Motto »Teile und herrsche« kann er so seine patriarchale Ordnung errichten und festigen. Für Hera aber wird Semele zum Anlaß, die »Semele in sich«

vollends zu töten, ihr Matriarchat gegen das männliche Prinzip zu rechtfertigen, Zeus und »diese Männer« abzuwerten und sich um so mehr auf niemanden als sich selbst zu verlassen.

Beide benutzen Semele, um das Weibliche, das Kindliche, das hingebungsvolle Bezogensein, das sie verkörpert, aus ihrer Beziehung auszuschließen und in einen irrealen Raum zu verlagern und, statt sich einander zu schenken, sich zu bekämpfen nach dem verzweifelten Motto: Wenn er/sie mich schon nicht liebt, dann soll er/sie mich wenigstens fürchten!

Dreiecksbeziehungen

Dreiecksbeziehungen sind mit einem Tabu belegt. Es haftet ihnen etwas Skandalöses an. Wenn ich in der Zeit der Arbeit an diesem Buch erzählte: »Ich schreibe über Dreiecksbeziehungen«, war mir das immer ein wenig peinlich, und meine Gesprächspartner reagierten jedes Mal mit verlegenem Lachen und irgendeinem Witz, offenbar, um mich und sich aus der Situation zu retten, die dadurch entstanden war. Das ist eigenartig. Denn genau besehen sind Dreiecksbeziehungen die natürlichste Sache der Welt. Jeder von uns hat sie schon erlebt, lange bevor er Gelegenheit hatte, ein Zeus-Mann, eine Hera-Frau oder eine Semele-Geliebte zu sein, nämlich in seiner Kindheit. Wenn wir uns heute in einem Beziehungsdreieck wiederfinden, ist es nichts völlig Neues, auch wenn es für unser Bewußtsein wie der Blitz aus heiterem Himmel kommt. Wir haben alle schon intensive Erfahrungen mit mindestens einer Dreiecksbeziehung hinter uns, nämlich mit der Dreiecksbeziehung Vater – Mutter – Kind, und wir tragen deren Bild in uns, auch wenn uns das nicht bewußt ist. Ich rede jetzt nicht nur vom allbekannten »Ödipus«. Der gehört dazu, aber die familiäre Dreieckserfahrung ist umfassender.

Das erste, was wir als Embryos und Säuglinge unmittelbar erfahren, ist allerdings eine Zweierbeziehung, eine »Dyade«: die symbiotische Verbindung mit der Mutter. Das ist unsere erste Beziehungserfahrung. Aber schon diese erste Dyade ist wesentlich von einem Beziehungsdreieck, von einer »Triade«, bestimmt. Denn es macht schon während der Schwangerschaft einen großen Unterschied, ob die Mutter eine lebendige, tragende und verläßliche Beziehung zum Vater des Kindes hat, oder ob sie sich mit dem Kind allein fühlt. Denn das wirkt sich auf ihren seelischen und körperlichen Zustand aus, und dieser hat wiederum seine Rückwirkungen auf die Entwicklung des Embryos und des Säuglings. Was die Mutter dem Kind an Sicherheit, Zuversicht ins Leben und Geborgenheit vermittelt, wird wesentlich auch davon mitbestimmt, wie sehr sie sich selbst in der Beziehung zu einem Partner sicher und aufgehoben fühlt. Die Qualität der Dyade hängt also zu einem guten Teil an der Qualität der Triade.

Der »Dritte«, der Vater, bekommt aber sehr bald eine noch direktere Bedeutung: Er muß im gewissen Sinn ein Gegengewicht zur Mutter-Kind-Dyade werden. Das Kind will seine ersten Schritte in die Welt hinaus tun. Die Mutter hat die Aufgabe, es dafür loszulassen und ihm zugleich immer wieder eine sichere Rückkehr zu gewährleisten. Denn das Kind ist unsicher. Man kann beobachten, wie es auf seinen ersten Entdeckungsreisen immer wieder einen Blick zurück zur Mutter wirft, so als wollte es fragen: »Bist du auch noch da? Und ist das wohl in Ordnung, wenn ich mich jetzt selbständig mache?« Da ist für beide der Dritte wieder von größter Bedeutung. Für beide muß er »da« sein. Damit die Mutter das Kind loslassen

kann und nicht beginnt, in diesem die einzige Zuwendungsquelle für sich zu erfahren, braucht sie den
Mann, der sie als Mutter unterstützt und als Frau
bestätigt; damit das Kind den Schritt von der Mutter
weg tun kann und nicht an ihr hängen bleibt, braucht
es den Vater, der sich mit ihm befaßt und es in die
Welt hinaus mitnimmt.

Die Familie kann natürlich zum Viereck, Fünfeck
und so weiter werden. Bezogen auf Vater – Mutter –
Kind bleibt aber die Dreieckskonstellation immer die
wesentliche. Das Zusammenspiel dieses familiären
Dreiecks verändert sich im Laufe der Entwicklung.
Neben den erwähnten werden noch andere Aufgaben
wichtig. Im Familiendreieck erlebt das Kind – in der
»ödipalen Phase« – die Verschiedenheit der Geschlechter. Es erfährt sich in seiner Gleichheit und in
seiner Verschiedenheit von Vater und Mutter gespie-
gelt und entwickelt in diesem Spannungsfeld von
»männlich« und »weiblich« seine eigene Geschlechts-
identität. Außerdem erlebt es an den Eltern als Modell die Möglichkeit oder Unmöglichkeit, wie Mann
und Frau, wie »männlich« und »weiblich« miteinander
zurechtkommen können.

Noch einmal verändert sich das Familiendreieck in
der Zeit der Pubertät. Im Zusammenspiel der Triade
wird es nun von Bedeutung, daß die Eltern ihre eheli-
che Dyade gegenüber dem Heranwachsenden stärken,
damit sich dieser davon absetzen und lösen kann.
Wenn die Stärkung der ehelichen Dyade nicht gelingt,
wenn zwischen den Eltern eine größere emotionale
Distanz besteht als zwischen einem Elternteil und
dem Jugendlichen, besteht die Gefahr, daß die Ablö-

sung für diesen zu schwierig wird und er zum Beispiel mit Krankheitssymptomen reagiert.

Der Entwicklungsprozeß des Kindes zum Erwachsenen ist also eingebettet in eine Folge sich ständig wandelnder Variationen des Beziehungsdreiecks Vater – Mutter – Kind. So hat jeder von uns schon die unterschiedlichsten Konstellationen von männlich und weiblich erlebt und ist von diesen tief innerlich geprägt worden. Ganz allgemein und idealtypisch gesprochen, verläuft dieser Prozeß dann am besten, wenn Zweier- und Dreierbeziehung in einem ständigen und lebendigen Wechselspiel bleiben, so daß keine der Verbindungen an irgendeiner Stelle abreißt und damit das Dreieck zerbricht.

Das heißt einerseits: Es ist wesentlich, daß es im Familiendreieck lebendige und intensive Zweierbeziehungen gibt, in denen wirkliche Bindung entsteht: zwischen Mann und Frau, zwischen Mutter und Kind, zwischen Vater und Kind. Aber Zweierbeziehungen haben andererseits die Tendenz in sich, zu eng zu werden, sich zu verabsolutieren und sich zu polarisieren. Zum Beispiel kann es sein, daß die Mutter immer versorgender und das Kind immer unselbständiger wird, oder der Vater immer fordernder und das Kind immer rebellischer. Das bedeutet zunehmende Enge und gegenseitige Festlegung auf nur eine oder wenige Möglichkeiten der eigenen Entfaltung. Die Autonomie leidet Schaden. Darum braucht es den Dritten, um die sich absolut setzenden Zweierbeziehungen wieder zu relativieren, ihre Enge aufzubrechen und ihre Polarisierung wieder aufzulockern. Nur so bleibt die individuelle Entwicklung im Gang. So ist es zum

Beispiel nötig, daß der Vater schon früh anfängt, sich mit dem Jungen allein zu beschäftigen, damit die männlichen Seiten in diesem angesprochen werden und er nicht zum »Mutter-Sohn« wird, oder daß die Mutter sich immer wieder als Frau eindeutig auf ihren Mann bezieht, damit dieser nicht seine Liebessehnsucht an eine der Töchter zu hängen beginnt.

Diese wenigen Hinweise machen schon deutlich, wie wesentlich das Zusammenspiel der familiären Triade für die Entwicklung von Autonomie und Hingabefähigkeit der Familienmitglieder ist. Zugleich aber wird deutlich, wie viele Komplikationen in diesem sich wandelnden Beziehungsdreieck stecken können und wie störungsanfällig dieses ist. Schon lange vor jeder erwachsenen Dreiecksgeschichte hat jeder von uns darum auch schon seine problematischen Dreieckserfahrungen gemacht, und diese Tatsache bleibt nicht ohne Folgen für unsere weitere Beziehungsgeschichte. Ich will dies noch einmal an unserem Beispiel Semele – Zeus – Hera erläutern.

Im Familiendreieck der Hera-Frau stand der Vater zu weit weg. Die Frauen in der Familie, Mutter und Tochter, blieben unter sich. Der Vater machte angst, oder es war kein Verlaß auf ihn, auf jeden Fall schaffte er es nicht, in der Familie wirklich präsent zu sein. Er war das »Oberhaupt« oder der »Ernährer«, war also nur noch in seiner Funktion bedeutsam, verschwand aber dahinter als menschliche Person. Die Tochter hatte an der Mutter kein Modell, wie man die Aufmerksamkeit dieses Mannes erregen konnte außer durch Leistung, und so blieb er für sie unerreichbar.

In der Familie der Semelc-Frau dagegen war der Vater im gewissen Sinn »zu nah« bei der Tochter. Diese wurde von ihm »zu viel« geliebt, sie rückte dadurch zu weit weg von der Mutter und wurde zur Quasi-Partnerin des Vaters, was ihr einerseits einen starken Anstoß zur Entwicklung bestimmter weiblicher Seiten gab, denen aber andererseits die Rückbindung an die mütterlichen Wurzeln und damit der sichere »Nährboden« fehlte.

In der Familie des Zeus-Manns schließlich blieb der Junge zu nahe bei der Mutter, weil der Vater durch seine Forderungen und seine Strenge für ihn und die Mutter unerreichbar und bedrohlich war. Dadurch waren Mutter und Sohn, was Zuwendung und Anerkennung anlangte, zu sehr aufeinander verwiesen und schlossen deshalb ihrerseits den Vater nur noch mehr aus.

In allen diesen Fällen – und das Leben kennt noch viele andere Variationen – ist das Zusammenspiel zwischen Dyade und Triade gestört. Zwei tun sich zusammen gegen einen Dritten. Der Dritte kommt nicht mehr »dazwischen«, er wird ausgeschlossen und/oder schließt sich selber aus. Das aber bedeutet, daß der Dritte nicht mehr zur »Relativierung« der Zweierbeziehung beiträgt, sondern im Gegenteil zu deren Verfestigung und Erstarrung. Dadurch aber verdirbt die Qualität der Beziehungen. Diese bekommen »Spielcharakter«[19], verlieren an Lebendigkeit und Echtheit, weder echte Nähe noch echte Distanz sind mehr möglich. Das Beziehungsdreieck wird zum »Drama-Dreieck«, die Familienmitglieder werden einander abwechselnd zu Opfern, Verfolgern und

Rettern.[20] Die Liebe zwischen der Mutter und dem jungen Zeus-Mann wird beispielsweise zum »zweckgerichteten« Schutz- und Trutzbündnis gegen den Kronos-Vater, und die enge Beziehung der Hera-Frau zu ihrer Mutter lebt davon, daß die Mutter die Tochter als Unterstützung gegen ihren Mann »braucht«, die geheimen Widerstände der Tochter gegen die Mutter kommen dabei nicht mehr zum Tragen.

Eigenartigerweise haben diese negativen Beziehungsmuster »zwei gegen einen« in sich selbst die Tendenz zur Wiederholung in der nächsten Generation. Nachdem Zeus seinen Vater Kronos bezwungen hat, wird er Hera gegenüber nun ein ähnlich grausamer Verfolger wie vorher der Vater seiner Mutter Rhea gegenüber, und Hera gerät in eine ähnliche Opferrolle wie Rhea vorher Kronos gegenüber. Und genauso wie Rhea ihren Mann austrickste, indem sie ihren Sohn vor ihm verbarg, trickst nun Hera den Zeus aus, indem sie ihn mit List dazu bringt, selber seine Geliebte zu vernichten.

Woher nur diese Tendenz zur Wiederholung offensichtlich schädlicher und zerstörerischer Beziehungsmuster? Wir können das nur verstehen, wenn wir bedenken, daß sich durch das, was wir im Beziehungsgeschehen unserer Herkunftsfamilie erleben, Bilder darüber in uns formen, wie Zweier- und Dreierbeziehungen überhaupt funktionieren. Informationen darüber, wie es auch anders gehen könnte, fehlen uns ja. Wenn Vater immer weit oben und Mutter immer weit unten war, haben wir keine konkreten Vorstellungen davon, daß es und vor allem wie es konkret auch anders aussehen könnte. Also »muß«

das, was wir erleben, auch so sein, selbst wenn wir darunter sehr leiden.

Die Tendenz zur Wiederholung scheint aber auch noch eine andere Wurzel zu haben: Wir suchen nach Auswegen. Von innen her drängt eine Kraft nach Entfaltung. Denn bei allen Informationen und Bildern, die wir von außen empfangen, tragen wir auch die Informationen der Ur-Bilder in uns, die noch grundlegenderes Wissen vom Mann-Sein, Frau-Sein und Miteinander-Sein enthalten. So spürt der Zeus-Mann am Anfang der Beziehung mit der Hera-Frau deutlich, daß hier eine Frau ist, die ihn von der Mutter weg»locken« und zum Mann befreien könnte, und die Hera-Frau spürt, daß im Zeus-Mann ein Mann in ihr Leben getreten ist, der sie aus ihrer männerlosen, einseitig mütterlich bestimmten Frauenwelt befreien und der Sehnsucht nach dem Väterlich-Männlichen einen konkreten Bezugspunkt geben könnte. Aber dies umzusetzen mißlingt sehr oft. Denn aus der Erfahrung der alten »schiefen« Familiendreiecke stehen hauptsächlich Verhaltensmuster zur Verfügung, mit denen die alten Dreiecke »zwei gegen einen« immer wiederhergestellt worden sind. Mit diesen Mustern aber lassen sich immer nur wieder die alten Dreiecks-Spiele in Gang setzen, aber keine Alternativen finden.

So mündet das Suchen nach Auswegen oft nur darin, daß zum Beispiel die Hera-Frau wie ihre Mutter in der Rolle der männerlosen, starken Ordnungshüterin landet, die sich mit ihren Kindern gegen den in die Rolle des willkürlichen und rücksichtslosen Göttervaters geratenen Zeus-Mann verbündet. Die Positionen haben zwar gewechselt, Zeus ist nun Kronos viel ähnlicher als dem jünglinghaften Sohn-Geliebten von damals, Hera ist nun in der Position ihrer unglücklichen Mutter Rhea, aber das Dreieck selbst bleibt täuschend ähnlich dem der Herkunftsfamilie, und innerlich behalten sie sogar alle die gleichen Positionen wie damals: Hinter dem Göttervater-Image bleibt er der kleine, hilflose, gegen seinen Vater an seine Mutter auf Gedeih und Verderb gebundene Junge, und hinter der Fassade der Hüterin von Herd und Ehe bleibt sie die sich von der Mutter eigentlich distanzierende und sich im geheimen nach dem Vater sehnende Tochter. Statt einen Ausweg gefunden zu haben, dreht sich das Rad nur weiter. Das alte leidvolle Familiendreieck wird wieder neu installiert. Es wird wieder installiert, aber gleichzeitig bleibt auch die Sehnsucht nach einem Ausweg am Werk. Sie findet vielleicht – für die Hera-Frau – eines der Kinder, das in die Rolle des »Sohn-Geliebten« aufrückt, und sie findet – für den Zeus-Mann – eine Semele, eine Geliebte. Wenn eines der Kinder in eine Art Partnerfunktion kommt oder wenn ein Beziehungsdreieck durch ein außereheliches Verhältnis entsteht, ist das immer ein Versuch, das familiäre Dreieck der eigenen Kindheitsfamilie in Ordnung zu bringen, es rückwirkend neu zu gestalten und sich endlich daraus zu befreien.

So hofft der Zeus-Mann, durch die kindhafte Semele-Frau von seiner verinnerlichten beherrschenden Mutter freizukommen und zum Mann zu werden, der sich seine Männlichkeit nicht nur über kronosähnliche Machtspiele beweisen muß. Das ist sein Versuch, die negative Kindheitserfahrung seines Familiendreiecks außer Kraft zu setzen und sich aus der dort fixierten Position zu befreien.

Aber meistens scheitert dieser Versuch. Denn meistens wiederholt die Semele-Geliebte ihrerseits mit dem Zeus-Mann und der Hera-Frau nur das Spiel »zwei gegen einen« ihres eigenen Familiendreiecks. Sie lebt mit dem »Göttervater« die verbotene Liebesbeziehung zu ihrem eigenen Vater und gerät damit in Konflikt mit der »Göttermutter«, lädt damit »Schuld« auf sich, entfacht nur den alten unerquicklichen Streit zwischen den beiden von neuem und geht selbst dabei leer aus. So trägt sie meistens ihrerseits nur wieder dazu bei, daß der Zeus-Mann und die Hera-Frau aus ihren alten Verfolger- und Opfer-Rollen nicht heraus-, sondern nur noch mehr in sie hineinkommen. Zum Ausweg wird sie nicht.

Man fühlt sich an Nietzsches »ewige Wiederkehr des gleichen« erinnert und lernt von dieser Seite her neu zu verstehen, welche Erfahrungen der indischen Lehre von Karma oder der christlichen von der Erbsünde zugrunde liegen mögen. Es wird von daher auch verständlich, daß Therapieverfahren und esoterische Heilswege, die eine schnelle Erlösung aus dieser Mühsal versprechen, eine solche Faszination ausüben. Ich glaube tatsächlich, daß in solchen Erfahrungen ein wesentlicher Anstoß für einen spirituellen Weg liegen kann, allerdings unter der Voraussetzung, daß dieser Weg nicht aus den Kreisläufen weg oder über sie hinaus-, sondern durch sie hindurchführt.

Von Ernesto Cardenal stammt das schöne Wort: »Das Leben selbst ist die Liebe, und wer es wahrhaft lebt, den lehrt es die Liebe.« Darin drückt er eine Erfahrung aus, die Menschen in solchen Dreiecksbeziehungen auch immer wieder machen. Die Wiederholung ist nicht notwendigerweise die ewige Wiederkehr des gleichen. Wenn sie mit wachsender Bewußtheit und Ehrlichkeit durchlebt wird, führt sie nach und nach zum Ausweg. So ist es auch in unserer Erzählung. Wenn wir sie nochmals genau betrachten, entdecken wir, daß Semele darin nicht nur eine neue Mitspielerin im alten Spiel ist. Dies ist nur die eine Seite der Wahrheit. Die andere Seite ist, daß in ihr auch etwas Neues erscheint. Dem wenden wir uns im folgenden Kapitel zu.

Dionysos –
Sohn der Semele

Bei der Frage nach der Rolle der Geliebten in der Dreiecksbeziehung haben wir bisher einen Teil der Geschichte von Semele, Zeus und Hera außer acht gelassen oder nur am Rande gestreift: Semele, die von Zeus geliebte, ist schwanger. Sie trägt seit sechs Monaten den Gott Dionysos in ihrem Leib. Als sie am Blitz des Zeus verbrennt, rettet dieser das göttliche Kind, näht es in seinen Schenkel ein und trägt es aus bis zur Geburt. Unsere Geschichte steht also im Zusammenhang mit Entstehung und Geburt dieses geheimnisvollsten aller griechischen Götter. Allerdings ist sie nicht der einzige Bericht über dessen Herkunft – es gibt noch mehrere andere Versionen – und sie ist auch nicht die ursprünglichste Form; diese läßt sich aus den vorliegenden Fassungen nur noch vermuten und vage rekonstruieren. Wir werden darauf zurückkommen, weil es für unsere Fragestellung nicht ohne Belang ist.

Wirft der Zusammenhang unserer Geschichte mit Dionysos ein neues Licht auf deren Deutung? Führt uns Dionysos zu einer neuen – vielleicht endgültigen – Antwort auf die Frage nach der Rolle der Geliebten im Beziehungsdreieck? Bisher hat es ja den Anschein, als würde sich die Rolle der Geliebten darin erschöpfen, im Beziehungsdreieck wesentliche Fragen unseres Mann-Seins und Frau-Seins sowie unserer Beziehungsfähigkeit und -geschichte aufzuwerfen. Der Versuch aber, diese Fragen über die Geliebte zu lösen, wurde als illusionär deutlich.

Wird aber damit nicht die Deutung des Mythos durch die Händelsche Oper letztlich nur bestätigt? Semele ist wie ein Komet, der kurze Zeit am Himmel aufstrahlt und dann rasch wieder verglüht. Denen, die ihn festhalten wollen, bleibt nur »Rauch und Wahn«. Wäre dann nicht das Höchste und Beste, das durch die Geliebte erreicht werden könnte, »Bewußtwerdung« der lebensgeschichtlichen Zusammenhänge und – mit Händels Textdichter – »Ernüchterung« und Rückkehr zum »Weg der Natur«[21], der in seinem Verständnis durch die bestehende patriarchale Ordnung und deren Institutionen vorgezeichnet ist?

Bringt Dionysos etwas Neues? In der Darstellung der Händel-Oper sicher nicht. Denn hier erscheint er als Symbolgestalt für den erwarteten Gottes-Sohn Jesus, der die sündigen Menschen – repräsentiert in der »Sünderin Semele« – von ihrer Schuld befreien und zu guten Untertanen seiner Herrschaft machen wird. Hier dient also Dionysos/Jesus nur der religiösen Untermauerung der bestehenden Ordnung und Moral.

Es ist aber offensichtlich, daß dies nicht mehr der Dionysos der Mythologie ist. Auch hier gibt es zwar deutliche Bestrebungen, diesen Gott zu zähmen und in den Dienst der offiziellen, durch den Göttervater Zeus repräsentierten Ordnung zu stellen – wir werden darauf zurückkommen. Dennoch bleibt Dionysos ein Gott ganz anderer Art. Er bringt ein neues, höchst emotionales Element in die antike Religiosität.

Er ist der Gott der Ekstase und der »heiligen Raserei«.[22] Immer ist er von Frauen – den Mänaden und Bacchantinnen – umgeben. Er trägt selbst neben männlichen auch weibliche Züge[23]: Der Bärtige wird mit weichen Körperformen und weiblichen Brüsten dargestellt. Er ist nicht nur ein Erwachsener, er tritt auch als »göttliches Kind« und Jüngling auf. Von Pflanzen – Efeu und Weinrebe – umrankt und dem Animalischen verwandt, ist er dem Erdboden und der Tiefe viel näher als andere Götter. Er schreitet nicht unberührt in strahlender Unversehrtheit durch diese Welt, er kennt Sterben und Werden, Leid und Tod. Dennoch hat er etwas Unbesiegbares, Unüberwindliches. Wenigstens ein Teil von ihm bleibt immer erhalten. Manchmal ist es sein Phallus, manchmal sein Herz, aus denen er sich wieder erneuert. »Im tiefsten ist das des Dionysos Wesen: klopfendes Herz, liebendes Erglühen.«[24]

Dieser Gott, sagt unser Mythos, entsteht aus der Liebe zwischen Semele und Zeus. Genauer muß man sagen: Diesen Gott bringt Semele zum Leben. Denn die Mythenforscher meinen, daß es ursprünglich nicht Zeus war, der Dionysos zeugte, sondern daß dieser matriarchalen Ursprungs war[25] und einer Semele entstammte, die keine sterbliche Königstochter, sondern eine große Mondgöttin war. In der Liebe Semeles wird Zeus also mit einem Gott konfrontiert, der völlig anderer Art ist als er selber; der seine patriarchale Welt eigentlich auf den Kopf stellen müßte, würde er sich darauf einlassen.

Ist das also die aus dem Mythos noch vage erkennbare Rolle der Geliebten: daß sie in die im Machtkampf zwischen »männlich« und »weiblich« erstarrte Beziehungswelt von Zeus und Hera den Dionysos hineinbringt, den lebendigen, sinnenhaften, ekstatischen, fließenden? Bisher schien es so, daß in Dreiecksbeziehungen immer nur ungelöste Familien-Dreiecke wieder neu aufgelegt und abgehandelt werden. Darin müssen sie sich aber nicht erschöpfen. Sehr oft, vielleicht sogar immer, bringt die Geliebte auch etwas Neues und Ursprüngliches, das die Kraft hätte, ungelöste Familienbande zu sprengen und alle Beteiligten im Beziehungsdreieck in ein neues Stadium ihrer Reifung zu versetzen: Semele bringt Dionysos.

Immer wieder berichten Betroffene, wie tief erschütternd und alle Grenzen sprengend sie die Liebe gerade in einer Außenbeziehung erleben: So, wie sie es nie zuvor erfahren haben. In der gegenseitigen Umarmung verwandelt der »Göttervater« sich zu einem jungen, lebendigen Liebhaber »in Menschengestalt« und wird die kindliche Königstochter Semele zur geheimnisvollen Mondgöttin, die ihm neue Welten von nie gekanntem Reichtum erschließt. Es ist gerade diese dionysische Intensität, die den Hera-Frauen so sehr zu schaffen macht, wenn sie dahinterkommen, weil sie diese selbst so sehr ersehnen und nun von dem ausgeschlossen sind, was er mit der anderen Frau erlebt.

Es ist, als ob die Heimlichkeit, das »Dunkel«, das die Außenbeziehung umgibt, dies ermöglichen würde. Wir haben davon gesprochen, wie sehr diese »Liebe im Dunkel« eine unreife, problematische, »unbewußte« Liebe ist. Sie scheut das Licht eindeutiger Beziehungsdefinition, die Entscheidung und Abgrenzung bedeuten würde. Das ist aber nur *ein* Aspekt. Der andere ist, daß sie unreif auch im Sinn von jung ist. Es ist – nach so vielen Jahren – eine vitale, frische, intensive Liebe, die da aufbricht. Das »Dunkel« scheint die beiden viele Jahre zurückzuversetzen. Sie kehren zurück an den Anfang. Es ist, wie wenn sie – wieder oder erstmals – ihre »erste Liebe« erleben würden.

Die das erleben, erfahren es über alle Schranken der Moral und Konvention hinweg wie eine große Gnade. »Jedem Anfang wohnt ein Zauber inne.«[26] – »In jedem Anfang liegt die Ewigkeit.«[27] Denn im Anfang, in der ersten Liebe, so unreif sie auch sein mag, erleben wir die Vollendung der Ganzheitsgestalt liebender Vereinigung, die uns im weiteren Zusammenleben immer wieder verlorengeht. Diesen Anfang erleben die beiden, aber nun nicht als 15- bis 17jährige, sondern mit der Erfahrung und Differenziertheit ihres Erwachsenenalters, was eine Tiefe und Intensität zum Schwingen bringen kann, die manchmal nur noch in so extremen Formulierungen zum Ausdruck gebracht zu werden vermag, wie Rilke es in einem Gedicht an seine Geliebte Lou Andreas-Salomé getan hat[28]:

»Lösch mir die Augen aus: ich kann dich sehn,
wirf mir die Ohren zu: ich kann dich hören,
und ohne Füße kann ich zu dir gehn,
und ohne Mund noch kann ich dich beschwören.
Brich mir die Arme ab, ich fasse dich
mit meinem Herzen wie mit einer Hand,
halt mir das Herz zu, und mein Hirn
wird schlagen,

und wirfst du in mein Hirn den Brand,
so werd' ich dich auf meinem Blute tragen.«

Hier meldet sich Dionysos zu Wort, der Gott nicht der heiteren Harmonie, vielmehr der tödlich bedrohenden, außer sich versetzenden Ekstase.

Oft taucht aus solchem Erleben zwischen den Liebenden zeitweise die Vision auf, daß alles ganz anders sein könnte: viel einfacher, viel direkter und unmittelbarer; daß man sinnen- und erdnäher leben könnte, weniger geplant, mehr intuitiv, weniger getrennt, fließender, weniger leistungsbezogen, mehr genußbetont, kreativer, phantasievoller, mehr im Hier und Jetzt, weniger auf Sicherung bedacht; unaggressiver, friedlicher, liebevoller ... Diese dionysische Vision, die im Dunkel der Außenbeziehung, abgeschirmt von Tagesrealitäten und Alltagsabläufen, aufbricht, kann man freilich auch wieder als Illusion und Projektion unerfüllter Kindheitswünsche abtun. Aber kommen darin nicht auch reale Möglichkeiten zum Ausdruck, die wir in unserem Zusammenleben ausgeschaltet, unterdrückt, vermieden haben? Eine Dimension des Lebens taucht auf, die wir verloren haben, weil wir uns wie Zeus und Hera der Herausforderung der Liebe nicht zu stellen wagten, sondern irgendwann anfingen, festzuhalten und uns abzusichern. Der Zeus-Mann erlebt unter dem Eindruck dieser Vision, wie flach und lebensfeindlich sein Zusammenleben mit der Hera-Frau geworden ist, daß das eigentlich nicht mehr so weitergehen kann und eine grundlegende Veränderung ansteht.

Dionysos, der Gott der Wandlung, ist auf den Plan

getreten. Was wird nun geschehen? An dieser Stelle läßt uns unser Mythos im gewissen Sinn im Stich. Er spiegelt wider, was wir ohnehin tausendfach erleben: An einer Stelle im Dreieck – in unserem Fall bei Semele – setzt eine intensive Entwicklung ein. Aber die beiden anderen gehen nicht mit. Damit kann Dionysos nicht die Oberhand gewinnen.

Die Entwicklung Semeles kommt im Mythos zum Ausdruck in dem Wunsch, Zeus in seiner wahren Gestalt zu sehen. Es ist Heras List, die diesen Wunsch hervorlockt. In dichterischer Freiheit stellt der Librettist Händels diesen Vorgang so dar, daß Hera, die sich in Verkleidung bei Semele eingeschlichen hat, ihr einen Zauberspiegel hinhält. Semele sieht ihr Bild darin und ist von ihrer Schönheit entzückt: »O Übermaß an Seligkeit! Den Glanz von Göttern sehe ich in meinem Antlitz!«[29] Damit soll im Kontext der Oper und durchaus getreu der Aussageabsicht des Mythos Semele von Überheblichkeit geblendet dargestellt werden und die Äußerung ihres unheilbringenden Wunsches motiviert erscheinen. Der Textdichter wußte dabei nicht, daß er Semele eine Selbstaussage in den Mund legt, die nichts mit Überheblichkeit zu tun hat, sondern ihrem wahren Wesen entspricht. Wir erwähnten es schon: Semele war ursprünglich keine sterbliche Königstochter, sondern eine Mondgöttin, die zur Sterblichen uminterpretiert wurde, um sie der patriarchalen Vormacht des Zeus unterzuordnen. Es ist, als ob sie durch die Liebe ihr wahres Wesen wieder entdecken würde: Sie ist eine Göttin, eine Gleichwertige. Darin kommt genau jene Entwicklung zum Ausdruck, die Geliebte in Dreiecksbeziehungen oft erleben: Ihre Liebe läßt sie hinauswachsen über das kleine Mädchen, »das für den Vater tanzt«. Sie finden zu ihrer vollen Gestalt reifen Frau-Seins.

Damit wird es nun wahrlich verständlich, daß Semele Zeus in seiner richtigen Gestalt sehen will. Dieser Wunsch bedeutet ja den Schritt über das Dunkel des Anfangs hinaus. Es ist der Wunsch, mit der Heimlichkeit aufzuhören und als Gleichgestellte an seiner Seite in die Öffentlichkeit zu treten.

Zu wissen, wer der geheimnisvolle Geliebte ist, seinen Namen zu erfahren, ihn in seiner leibhaftigen Gestalt zu sehen, das ist ein bekanntes Motiv in Sagen, Mythen und Märchen. Immer ist die Äußerung dieses Wunsches mit strengen Verboten und harten Sanktionen belegt. Wird der Wunsch dennoch geäußert, gibt es eine dramatische, oft tragische Wende. Die Handlung kommt dadurch in gewissem Sinn an ein Ende. Ein Zauber ist gebannt, eine geheime Macht gebrochen. Das kann Verlust bedeuten oder Erlösung, oder auch beides. Orpheus verliert seine Eurydike endgültig, als er sich nach ihr umdreht, um sie zu sehen. Lohengrin muß Elsa verlassen, weil sie ihn nach seiner Herkunft fragt. Psyche verliert Amor, ihren nächtlichen Liebhaber, weil sie ihn mit ihrer Lampe beleuchtet, während er schläft. Dieser Verlust setzt jedoch eine Entwicklung in Gang, an deren Ende eine neue und tiefere Vereinigung steht.[30]

Dieser letzten Spielart des Motivs scheint auch unsere Geschichte nahezustehen. Semeles Hingabe im heimlichen Dunkel hat sie aus sich selbst heraus über den Status der »geliebten Vater-Tochter« hinausgetragen. Aus der Geliebten wird sie zu einer Liebenden, zur Mondgöttin, die mit Dionysos schwanger geht und diesen ans Licht des hellen Tages bringen will. Darum muß die Heimlichkeit aufhören, darum will sie mehr, sie will den ganzen Zeus, nicht nur einen Teil von ihm.

Ich glaube, daß diese Entwicklungsdynamik jeder echten Liebe innewohnt. Der dunkle Zauber des Anfangs, in dem es noch keine Abgrenzung, kein Entweder-Oder gibt, in dem von der Geliebten und vom Ehemann her noch alles ineinanderfließt und miteinander irgendwie vereinbar erscheint, dieser Zauber des Anfangs muß losgelassen werden. Das Bedürfnis, den anderen »ganz« zu haben und den Schritt in eine größere Öffentlichkeit zu tun, meldet sich mit einer gewissen Notwendigkeit.

Nun kann man dazu freilich sagen: Hier setzt das typische Besitzstreben ein, das alle Liebe zerstört. Es ist richtig: Lieben ist auf Dauer nicht möglich, ohne loszulassen. Lieben und besitzen wollen, das geht nicht zusammen. Aber kann man loslassen, wenn man nicht zuvor auch festhalten wollte? Es ist ein notwendiger Prozeß, der von der innigen, »unschuldigen« und »unbewußten« Verschmelzung des Anfangs zum bewußten Schritt, die Beziehung zu definieren, festzumachen, den anderen ganz haben zu wollen, führt und der dann schließlich immer wieder in die Notwendigkeit mündet, den anderen wieder loszulassen. Man kann die Forderung, loszulassen, an sich selbst oder an den anderen auch zu früh stellen, wenn der Schritt zur bewußten, öffentlichen, ganzen Liebesbeziehung noch gar nicht getan ist, indem man diese Phase, wenn sie sich ankündigt wie bei Semele, als Besitzstreben abwertet. Dann kann das heimliche Dunkel allerdings jahrelang weitergehen. Aber solche Beziehungen stagnieren bald. Sie werden oberflächlich und schal. Aus dem Zeus-Mann wird dann ein Mann mit einem verlogenen Doppelleben und aus der Semele-Geliebten eine frustrierte Frau im Schatten, die ihren Tagesablauf nach seinem Terminkalender ausrichtet, und aus der leidenschaftlichen Hingabe wird der Beischlaf mit der Uhr in der Hand.

Im Bedürfnis Semeles, den ganzen, wahren Zeus zu sehen und sich an seiner Seite, äußert sich die Dynamik der Liebesbeziehung, die aus dem verwischenden und vermischenden Dunkel ins Licht des vollen Tagesbewußtseins drängt, die eine klare Beziehungsdefinition will, nicht aus Moral und Ordnungssinn, sondern aus dem innersten Kern der Person, die sagt: Meine Liebe zu dir ist ein Teil von mir selbst geworden. Sie läßt sich nicht mehr als »Abenteuer« oder »sexuelles Erlebnis« von mir trennen. Sie gehört zu mir, wie ich zu dir gehöre, darum kann ich sie und mich in meiner Beziehung zu dir nicht mehr im dunkeln lassen.

Das aber heißt: Semele fordert Zeus heraus, Dionysos mit ihr zur Welt zu bringen, die Vision des Anfangs in die Realität hinüberzuführen, ein Leben zu wagen, das nicht mehr vom Kampf der Geschlechter bestimmt ist, sondern von der liebenden Hingabe. Damit aber fordert sie von ihm, Dionysos das Regiment zu überlassen.

Ergibt sich von daher nicht ein neuer und tiefer Sinn in der Darstellungsweise unserer Geschichte, nach der es Hera selbst ist, die Semele zu diesem

Schritt veranlaßt? Ihr »Bündnis« mit Semele entspricht auf einer tieferen Ebene auch ihrem eigentlichen Anliegen. Hera hat es nicht geschafft, der Hingabe und Ekstase in ihrer Beziehung Geltung zu verschaffen. Sie hat in ihrem Kampf gegen den patriarchalen Zeus unbemerkt dessen einseitig männliche Spielregeln selbst übernommen und sich damit ihres besten Teils beraubt. Auch sie war ja einmal eine große Mutter- und Liebesgöttin wie Semele. Im Kampf mit Zeus ist sie zur eifersüchtigen Ordnungshüterin geworden. Jetzt, da sie Semele zur Äußerung ihres Wunsches veranlaßt, der ja bedeutet, daß Dionysos in dieser Beziehung offen, verbindlich wird, überträgt sie ihr da nicht ihr eigentliches ursprüngliches Anliegen?

Die Gefahr, der Hera hier, wie oft auch ihre Nachfolgerinnen, dabei erliegt, ist freilich die, daß sie es unbewußt tut. Semele übernimmt »für sie« einen Teil, den sie selber abgespalten hat. Daß dabei eine geheime Verbindung zwischen Hera und Semele besteht, wie es im Mythos in Heras »List« dargestellt wird, zeigt sich darin, daß Hera-Frauen oft ein starkes Bedürfnis haben, die Geliebte des Mannes kennenzulernen, sie anziehend und faszinierend finden, unter anderen Umständen sie sich als Freundin wünschen würden, wobei sie äußerlich, auf der bewußten Ebene, wie ihr Urbild, die Göttin Hera, dabei bleiben, sie und ihren Nachkommen bis zum äußersten zu bekämpfen.[31]

So selbstverständlich und konsequent uns der Wunsch Semeles erscheint, Zeus in seiner wahren Gestalt zu sehen, sie hat allerdings mit einem nicht gerechnet: daß Zeus eine ähnliche Wandlung wie sie in diesem Prozeß nicht wirklich vollzogen hat. Er will und kann weiterhin nur im heimlichen Dunkel dionysisch-hingebungsvoll lieben. Seine öffentliche, wahre Gestalt ist weiterhin die des harten Machers. Die müßte er loslassen, und das kann er nicht. So »muß« er den Wunsch Semeles, sich ihr zu zeigen, mit ihr öffentlich zu werden, dadurch beantworten, daß er sich in seiner alten Gestalt zeigt, mit Blitz und Donner, den Zeichen seiner Macht.

Wir würden uns wünschen, daß Semele, getreu ihrem späteren Namen »Thyone«, was soviel wie »tobende Königin« bedeutet, diesem Zeus mit der Liebes- und Zorneswut der Mänaden, der späteren Begleiterinnen des Dionysos, begegnen könnte.[32] Das geschieht aber nicht – oder es nützt ihr nichts. Berichtet wird, daß sie dem Blitz des Zeus nicht standhalten konnte, daß sie verbrannte.

Das ist ein Vorgang, den viele Semele-Geliebte kennen und der auch den Hera-Frauen bis jetzt nichts gebracht hat. Denn er bedeutet die Unterdrükkung des Dionysischen und die Wiederherstellung der zeusischen Ordnung, unter der sie selber leiden und die sie bekämpfen.

Daß Zeus den Dionysos in seinen Schenkel einnäht – es wäre so schön, wenigstens diesem Zug der Geschichte die Bedeutung geben zu können, daß die Liebe Semeles bleibende Spuren in ihm hinterlassen hat, vielleicht sogar ihn von innen her verwandelt habe. Aber wir wissen, daß Zeus sich nicht verwandelt hat, daß er weiter den »Macho« verkörperte und den Verwandlungskünstler spielte, der sich eine Geliebte nach der anderen nahm und Hera damit weiter kränkte und abwertete. Das Einnähen, Austragen und Gebären des Dionysos durch Zeus besagt nichts anderes. Es scheint nur zu bezeugen, wie Zeus und damit die Kultur, die er repräsentiert, versucht, diesen fremdartigen Gott unter Kontrolle zu bringen. Indem die böotischen Griechen aus der Mondgöttin Semele eine sterbliche Königstochter machten und Zeus zum Vater, Retter und Gebärer des Dionysos, wollten sie sicherstellen, daß der Göttervater und seine Lebensprinzipien die Vormachtstellung behielten.[33] Daß Dionysos später als letzter und jüngster Gott in den Olymp aufgenommen wurde, liegt leider auf derselben Linie. Diese »Ernennung« ist zugleich eine Einordnung. Dionysos wird dem Zeus so weit wie möglich angeglichen und damit seiner verändernden Kraft beraubt. Daß schließlich berichtet wird, Dionysos habe seine Mutter aus der Unterwelt befreit und sei mit ihr in den Himmel aufgestiegen, ist ebenfalls in dieser Perspektive zu sehen: Dionysos, der Gott von des Zeus Gnaden, macht zwar Semele wieder zu einer Göttin, aber ebenfalls zu einer, die keine wirksame Gegenkraft zu Zeus darstellt, sondern ihm untergeordnet wird.

Brief einer Geliebten

Lieber Hans, Du hast mich gebeten, Dir zu berichten, wie es bei mir weitergegangen ist, weil Du meine Erfahrungen für Dein Buch, das Du gerade schreibst, verwerten möchtest. Obwohl ich Angst habe, bei mir gerade heilende Wunden wieder neu aufzureißen, schreibe ich Dir trotzdem, weil die letzten beiden Jahre eine Zeit intensivster Erfahrung für mich waren und ich glaube, daß andere in ähnlicher Lage daraus für sich Nutzen ziehen könnten.

Zunächst der Stand der Dinge: Meine Beziehung zu Gregor ist zu Ende. Ich habe mich von ihm getrennt. Oder er sich von mir. So genau kann ich es gar nicht sagen. Aber die entscheidenden Schritte, daß es dazu gekommen ist, habe wohl ich getan. Du wirst fragen: Wie ist das so schnell gekommen? Als wir zuletzt miteinander sprachen, war es ja noch die große Liebe. Die Zeit mit Gregor war wirklich eine Zeit intensiver Liebe, intensiven Lebens, eine Zeit voll Tiefe und Glück. Wir haben uns lange Zeit getroffen, nur um uns zu lieben. Alles andere war unwichtig. Das Gefühl der Liebe zu genießen, das war das allerwichtigste. Da wurde keine Wäsche gewaschen, kein Geschirr gespült, kein Handwerker bestellt. Da wurde »im Luxus geschwelgt«, nur was schön war, war dran. Wir wollten es genau so haben, nicht nur er, sondern auch ich. Es ging so vieles miteinander: zärtlich sein und schmusen, Spaß haben, ernsthaft und tief miteinander sprechen. Wir inspirierten uns gegenseitig zu Gedichten und zu den tollsten Phantasiereisen. Ich hatte etwas Derartiges noch nie zuvor erlebt. Manchmal hatte ich das beinahe schmerzhafte Gefühl: Wir treffen uns in unserem innersten Kern.

Dieses Glück dauerte ungefähr dreiviertel Jahre. Dann spürte ich, daß bei mir etwas Neues wach wurde: Das erste Mal in meinem Leben wünschte ich mir ein Kind. Ein Kind von Gregor. Niemals zuvor, auch mit keinem anderen Mann, hatte ich diesen Wunsch gespürt. Ich sprach mit ihm darüber. Seine Reaktion war nicht begeistert, eher erschrocken. Für mich aber war das Auftauchen dieses Wunsches wie: in eine neue Phase unserer Beziehung einzutreten, weiter, tiefer zu gehen, verbindlicher zu werden. Ihm machte dieser Wunsch angst. Er fing an, um unsere Beziehung zu bangen. Er war ja verheiratet und hatte drei Kinder. Für ihn war das zweierlei: Mit der einen Frau hatte er die Kinder, wirkliche Liebe erleben konnte er mit mir. Immer wieder sagte er mir, daß ich diese Liebe aus ihm herausgeliebt hätte, daß ich ihn zu dieser Liebe befreit hätte. Das tat mir gut, es gab mir das Gefühl, die Wichtigste für ihn zu sein, und zugleich war der Wunsch da, weiter zu gehen. Es hätte ja nicht unbedingt das Kind sein müssen. Ich war ja so vernünftig, einzusehen, wie schwierig das geworden wäre. Vielleicht hätte es auch etwas anderes gegeben, das wir gemeinsam geschaffen hätten. Ich wollte weiter gehen. Gregor reagierte ausweichend, irritiert. Ich spürte, er wollte, daß alles so blieb, wie es war.

Das heißt natürlich nicht, daß er sich nicht verändert hätte. Er war viel offener, weicher, jünger geworden. Seine Frau spürte das, und sie sprach ihn darauf an. So kam es heraus. Es gab den größten Konflikt zwischen den beiden. Seine Frau begann zu kämpfen – mit allen Mitteln.

Nun hatte aber auch ich gerade aufgehört, so »pflegeleicht« zu sein. Ich spürte mehr und mehr, wie nötig ich es hatte, meine Bedürfnisse und Wünsche klarer zu vertreten. Gregor war nicht zu beneiden. Allerdings hatte ich sehr bald das Gefühl, seine Frau habe die besseren Karten. Sie haben eine gemeinsame jahrelange Geschichte, sie haben zusammen das Haus gebaut, sie haben miteinander die Kinder. Sie haben die Verbindlichkeit, die ich mir wünsche. Was habe ich demgegenüber anzumelden? Jedes Mal, wenn wir uns trafen, wurde es schwieriger.

Schwierig war auch, daß es kaum Freunde gab, mit denen ich über diese Dinge hätte reden können. Das war freilich nicht erst jetzt schwierig. Darunter litt ich schon die ganze Zeit. Gern hätte ich meine Liebe und meine Freude anderen mitgeteilt. Damit ich Gregor nicht gefährdete, habe ich alles für mich behalten. Ich habe alles mit ihm ganz allein geteilt und habe mich damit auch isoliert. Der Wunsch nach einem Kind war wohl auch der Wunsch nach mehr Öffentlichkeit, aber die hätte ihn in große Schwierigkeiten gebracht, darum verzichtete ich darauf. Jetzt, wo es so schwierig wurde, war es besonders schwer, alles für mich zu behalten. Ich schwankte auch immer wieder. War dieser Wunsch nach einem Kind, nach mehr Verbindlichkeit, Öffentlichkeit, waren das nicht

Marotten von mir? Warum sollte es nicht so weitergehen können? So wie es gewesen war, das hatte ja auch seine großen Vorteile. Ich hatte dadurch viel Freiheit, lebte mein eigenes Leben, und unser Zusammensein war immer etwas Besonderes. Ich war die Wichtigste für ihn, und er war wirklich meine große Liebe. Was wollte ich eigentlich mehr? Es hätte doch so weitergehen können!

Doch es ging nicht so weiter. Die Auseinandersetzung zwischen Gregor und seiner Frau spitzte sich zu. Seine Frau wollte eine Entscheidung. Gregor war es klar, daß er sich nicht scheiden lassen könnte. Meiner Frage, ob er sie denn auch wirklich liebe, wich er aus. Er sagte nur: Ich kann es nicht. Und: Vielleicht gibt es eine Möglichkeit, daß wir trotzdem Freunde bleiben. – Er wollte also seine Frau nicht verlieren, und er wollte mich nicht verlieren.

Ich fühlte, wie eine ungeheure Wut in mir aufstieg. Ich war wütend auf seine Frau, der gegenüber meine Liebe so ohnmächtig war. Ich war wütend auf Gregor, weil ich wußte, was ich ihm bedeutete, und er doch nicht bereit war, dazu zu stehen. Und ich war wütend auf mich, weil ich das alles mit mir machen ließ. Die Wut half mir, mich ernst zu nehmen. Ich wollte endlich ganz gewollt sein, nicht nur in einem Teil, nicht nur als Geliebte, sondern ganz als Frau.

So kam es zu dem entscheidenden Gespräch. Wir einigten uns darauf, unsere Beziehung »auf Eis zu legen«, vorerst keinen Kontakt mehr zu haben. Mir war aber damals schon klar: Das war das Ende. Denn ich konnte nicht einfach »gut Freund« mit ihm sein wie mit irgendeinem Kumpel. Aber ich konnte auch nicht mehr heimliche Geliebte sein, jetzt nach dem, was geschehen war – ein solches Versteckspiel wollte und konnte ich weder ihm noch mir zumuten.

Ich spürte aber, daß ich es nicht glauben wollte, daß es zwischen Gregor und mir aus war. Ich hatte das Gefühl, etwas Unmögliches wurde von mir verlangt. Wo doch alles so stimmte zwischen uns. Wo ich doch so unendlich wichtig war für ihn. Jemanden, den ich so liebe, jemanden, mit dem so viel Neues und Schönes wach geworden ist, den sollte ich nun loslassen. Schmerz, Wut und Haß tobten in mir. Ich wollte es nicht wahrhaben. Ich wurde eifersüchtig auf seine Frau, gehaßt habe ich sie zeitweise, und auch auf ihn fühlte ich Haß. Ausgenutzt kam ich mir vor, gut genug, ihn aufzuwecken und dann weggeschickt zu werden. Ich fing sogar an, mich selbst zu hassen. Warum mußte ich mich immer wieder mit einem Verheirateten einlassen? Das habe ich doch schon ein paarmal erlebt! War ich überhaupt liebesfähig? War ich imstande, einen Mann zu halten? Ich zog mich in dieser Zeit ganz zurück. Ich wurde krank. Ich hatte das Gefühl, tief verwundet zu sein. Es kam mir vor, als wäre ich an dieser Liebe verbrannt.

Ich schlief in dieser Zeit unendlich viel, und der Schlaf tat mir gut. Es war wie ein Heilschlaf. Langsam, so hatte ich das Gefühl, tauchte ich aus unendlichen Tiefen wieder auf. Meine Wohnung war damals sehr wichtig für mich, sie gab mir Schutz und Geborgenheit. Und ein paar ganz wenige gute Freunde, mit denen ich nun doch über alles redete. Das tat mir sehr gut und war sehr wichtig für mich, um das Erlebte auch besser zu verstehen.

Vor allem beschäftigte mich die Sache mit den verheirateten Männern. Das konnte doch kein Zufall sein. Der nächste Besuch bei meinen Eltern half mir, das Rätsel zu lösen. Als mich mein Vater an der Eingangstür freudestrahlend empfing und zärtlich umarmte, war mir mit einem Schlag klar: Das war der erste verheiratete Mann, mit dem ich »eine Beziehung« hatte! Ich war Vaters Liebling gewesen. Wenn die anderen in der Familie etwas von ihm wollten, was er nicht gerne gab, schickten sie mich vor, sogar meine Mutter. Mir konnte er nicht widerstehen. Mit mir gab er an, und bei meinem Anblick heiterten sich seine Züge auf, auch wenn er noch soviel Ärger gehabt hatte. Das war toll, es war das Gefühl, die einzige zu sein, und es war auch ein Gefühl von Macht und Überlegenheit.

Was mir deutlich wurde (obwohl ich mich dagegen wehrte), war: Die eigentliche Partnerin meines Vaters war nicht meine Mutter, sondern ich. Jetzt war mir plötzlich klar, warum ich bisher immer an verheiratete Männer geraten war und nie an einen, der zu haben gewesen wäre. Ich mußte die treue Vater-Tochter bleiben, heiraten war ein absolutes Tabu. Ich begründete es natürlich anders: daß ich nicht in einer bürgerlichen Ehe versauern wollte und so weiter, aber in Wirklichkeit war es ein Tabu, das von meinem Vater stammte. Seinetwegen mußte ich immer an Männer geraten, die nicht frei waren, damit ich ihm treu bleiben konnte. Mit einem Schlag sah ich vor mir, wie ich in der Beziehung zu Gregor mein »Familiendreieck« wiederholt hatte: Gregor stand für den geliebten Vater/Mann, der nicht wirklich zu erreichen war, obwohl –

oder gerade weil – ich ihn so sehr liebte, und seine Beziehung zu mir mußte vor der Mutter/Frau verheimlicht werden, weil sie eigentlich nicht sein durfte. Meine Sonderrolle in der Familie erschien mir mit einem Mal viel weniger ein Vorzug als eine Last. Auf wieviel Kind-Sein hatte ich wegen dieser Besonderheit verzichten müssen, und auf wieviel Frau-Sein mußte ich dann bei Gregor verzichten, weil ich wieder »etwas Besonderes« war! Eine starke Sehnsucht nach »Gewöhnlichkeit« erfaßte mich, der Wunsch, von der Last dieses Sonderstatus endlich frei zu werden.

Ich lud meinen Vater zu einem Spaziergang ein und versuchte, mit ihm über das zu reden, was mir klar geworden war. Er wollte mir nicht zuhören und tat so, als würde er gar nichts verstehen. Mit einer großen Wut im Bauch, die ich nun inzwischen schon ganz gut kannte, fuhr ich nach Hause, setzte mich hin und schrieb ihm einen langen Brief. Ich schrieb ihm, wieviel ich ihm zu verdanken habe und wie wichtig er für mich war und wie sehr ich ihn geliebt hatte; und – ich zeigte ihm auch die andere Seite: In welche Lage er mich gebracht hatte, wie schwierig und belastend es auch für mich war, wie wenig ich ihn wirklich als Vater hatte und welches Unrecht der Mutter dadurch zugefügt worden war. Ich machte deutlich, wie sehr ich mich bis jetzt noch an ihn gebunden fühlte und in meinem Herzen Angst hatte, ihn allein zu lassen. Ich versuchte, ohne Anklage zu schreiben, aber aus meinem Innersten heraus.

Das zeigte Wirkung. Mein Vater rief mich an, wir vereinbarten ein neues Treffen, und danach hatte ich das Gefühl: Jetzt war ein gutes Stück Arbeit geschehen. Es fehlte aber noch ein Teil, der Teil mit meiner Mutter. Schon in der Zeit während und nach der Trennung von Gregor hatten sich meine Gefühle zu ihr gewandelt. Oft empfand ich starke Sehnsucht nach ihr und ein Gefühl tiefer Verbundenheit. In unseren Gesprächen, die ich jetzt begann, erzählte ich ihr viel von mir, fragte sie über vieles, was die Zeit meiner Kindheit und ihre Lebenssituation damals betraf. Das tat uns beiden sehr gut. Während dieser Gespräche wuchs in mir ein starkes Gefühl der Solidarität mit ihr. Mir war, als hätte ich die Fronten gewechselt, als wäre ich von der Männerseite auf die Frauenseite gegangen, auf die Seite, wo ich in meinem Innersten zu Hause war, bei meinem eigenen Geschlecht. Ich fühlte mit beglückender Gewißheit: Ich war eine erwachsene Frau.

Danach war mir, als hätte ich irgendwie Ordnung gemacht. Ich war wieder an den Platz der Tochter gegangen und hatte den Platz der Partnerin freigemacht. Wie weit meine Mutter imstande oder willens war, diesen Platz für sich in Anspruch zu nehmen, das weiß ich nicht, das lasse ich auch ihre Sache sein. Für mich war wichtig, daß ich den Platz geräumt und meine Beziehung zu den beiden klargestellt hatte. Vom Platz der Tochter aus, die nicht mehr die geheime Partnerin war, konnte ich nun auch innerlich meine Familie verlassen als die erwachsene Frau, die ich den Jahren nach schon lange war.

Von da an ging es mir jeden Tag besser. Ich gewann wieder Boden unter den Füßen, und ich habe mich in dieser Zeit einmal sogar wieder ein bißchen verliebt. Allerdings habe ich die Beziehung bald wieder abgebrochen. Nicht, weil wieder ein Dreieck gedroht hätte. Der Mann war frei. Er kam auch sehr stark auf mich zu, aber ich konnte das nicht erwidern. Denn erstens war mein Erlebnis mit Gregor noch zu frisch. Ich hätte mich gar nicht wirklich auf eine neue Beziehung einlassen können. Und zweitens: Eine feste Zweierbeziehung meine ich im Moment noch gar nicht verkraften zu können. Mir ist zwar in diesem Prozeß sehr klar geworden, daß ich kein Dreieck mehr will. Wenn, dann will ich eine feste Zweierbeziehung, in der ich ganz vorkomme, ganz gewollt bin. Trotzdem macht mir die Vorstellung noch angst. Gregor ging ja immer wieder weg. Ich konnte immer wieder zu mir kommen, mich wiederfinden. Aber wenn der andere die ganze Zeit da ist, Tag und Nacht, welch schreckliche Vorstellung! Würde ich dann überhaupt noch lieben können? Würden wir uns nicht so nahe kommen, daß keiner mehr den anderen wahrnimmt? Würde dann nicht die Liebe ersticken? Würde ich mich dann nicht unaufhaltsam zum launischen, streitsüchtigen Eheweib entwickeln?

Ich habe den Wunsch nach einer Zweierbeziehung, und ich sehe die Gefahr, daß darin die Liebe erstickt. Vielleicht ist es möglich, wenn ich den Weg, den ich mit Gregor angefangen habe, weitergehe. Ich muß lernen, auch in einer nahen Beziehung meine eigenen Grenzen aufrechtzuerhalten. Ich will und ich muß das Gefühl für *mein* Leben behalten. Als Kind, in der Beziehung zu meinem Vater, ist es mir verlorengegangen. Durch die Beziehung zu Gregor und die Auseinandersetzung der letzten beiden Jahre habe ich angefangen, mich wieder zu spüren. Das will ich nicht mehr verlieren. Das heißt aber, daß ich mir nur eine Zweierbeziehung vorstellen kann, in der ich kämpfe, in der ich um mich streite. Nur wenn ich das lerne, könnte es gehen. Sonst brauche ich doch wieder das Dreieck, in dem der Dritte dafür sorgt, daß es zwischen mir und dem anderen nicht zu eng und zu symbiotisch wird.

Ob ich eine solche Liebe wie mit Gregor jemals wieder erleben kann, das weiß ich nicht. Aber nach diesem Erlebnis kann ich den Anspruch nicht mehr aufgeben, in einer Beziehung nicht nur die Ehefrau und die Mutter zu spielen, sondern auch die Geliebte zu sein – und zu bleiben. Natürlich mache ich mir nicht vor, daß das Gefühl des Verliebtseins lange andauern könnte. Aber wenn man immer wieder auseinandertritt, einander immer wieder losläßt, wenn man akzeptiert, daß der andere auch fremd bleibt, wenn immer wieder klargestellt wird: Da stehe ich, und da stehst du, und jetzt können wir wieder anfangen, dann müßte es doch möglich sein, sich immer wieder ineinander zu verlieben.

Ich weiß natürlich nicht, ob die Bilder von Mann-Frau-Beziehung, die ich in mir trage, die Formen von Partnerschaft, die ich bei meinen Eltern erlebt habe und in meiner Umgebung jeden Tag erlebe, und auch meine eigenen Verschmelzungswünsche es zulassen, eine solche Partnerschaft zu verwirklichen. Und selbst wenn ich es schaffen würde: Wird es einen Partner geben, der bereit ist, sich auf einen solchen Weg einzulassen? Manchmal habe ich den Eindruck, die Männer sind für ein solches Unternehmen noch viel ungeeigneter als wir Frauen. Noch viel schwerer

als wir den Weg zwischen Tochter und Hausmütter-
chen finden sie den Weg zwischen dem großen Jungen und dem Patriarchen. Andererseits aber ist mir
klar, daß wir, Frauen und Männer, aufeinander ange-
wiesen sind, wenn wir die Liebe in unseren Beziehungen am Leben erhalten wollen. Oder ist das überhaupt eine Utopie?

Was ich in den letzten beiden Jahren erlebt habe,
hat in mir den starken und tiefen Wunsch geweckt:
Ich will diese Utopie. Ich will für sie leben. Auch
wenn es die nächste Zeit viel Kampf, vielleicht viel
Enttäuschung und viel Alleinsein bedeuten wird.

Ich grüße Dich herzlich!

M.

Was sein könnte, wenn ...

Was wäre geschehen, wenn Semele dem Blitz des Zeus hätte widerstehen können? Oder wenn Zeus sich auf sie und Dionysos eingelassen hätte? Wir können es nicht sagen, denn eine Version des Mythos, die so verläuft, gibt es nicht. Darum sind wir geneigt, keinen anderen Verlauf als richtig oder normal zu betrachten. Wir leben in einer Kultur, die von der Verbindung des antiken griechischen Patriarchats mit dem Patriarchat der israelitisch-christlichen Tradition geprägt ist. Unsere Geschichte, unsere Religion, unsere Beziehungsformen sind davon bestimmt. Dreiecksbeziehungen gibt es hier nur als – den Männern vielleicht zugestandener – Seitensprung. Das Dionysische wird abgewertet, zurückgedrängt, ausgemerzt. Wo das nicht möglich ist, wird es in kontrollierbare Gettos abgetrennt, wie zum Beispiel in der Prostitution, oder es wandert selbst in solche Gettos ab, wie in mystischen, sektiererischen oder therapeutischen Gruppen; oder aber es wird vergeistigt: religiös zum Beispiel im Mutter-Gottes-Kult, dessen Pflege zweifellos alte dionysische Fruchtbarkeitskulte in geregelte, unsinnliche Bahnen lenken sollte; oder auch künstlerisch in manchen Werken der Lyrik, Musik, Malerei, deren Schöpfer auf diesem Weg sehr oft ungelebtes Leben kompensierten.

Wie würde ein Zusammenleben aussehen, in dem das Dionysische zum Tragen käme? Man kann ja zum Glück nicht sagen, daß das heutzutage überhaupt nicht der Fall wäre. Viele Menschen, mit denen ich es in meiner Arbeit oder in meinem Bekanntenkreis zu tun habe, stellen sich dieser Herausforderung und suchen Wege und Formen, Dionysos in ihren Beziehungen Gestalt werden zu lassen. Dies gibt mir auch das Recht und die Möglichkeit, Antworten auf die eingangs gestellte Frage zu skizzieren.

Ich beginne mit zwei negativen Feststellungen: Das Dionysische, das durch Semele aufgebrochen ist, käme sicher nicht dadurch zum Tragen, daß Zeus sie, statt sie zu vernichten, schnurstracks heiraten würde. Die Gefahr, daß sie dann genauso zugrunde ginge, wäre groß. Wenn nämlich Zeus nur diesen Schritt, zuvor aber keinen grundlegenden inneren Wandlungsprozeß vollzöge, wäre der Platz neben ihm nach wie vor ein »Hera-Platz«, Semele würde zu einer zweiten Hera, oder sie müßte auf den Platz verzichten. Dionysos bekäme sicher kein Eigenleben zwischen den beiden. Vielmehr würde sich nur das vollziehen, was mythologiegeschichtlich in der »Ernennung« des Dionysos zum olympischen Gott und in seiner Himmelfahrt mit Semele auch tatsächlich geschehen ist.

Die plötzliche Auflösung der bisherigen Ehe und die unmittelbar folgende Ehe oder feste Beziehung mit der Geliebten sind meist »Übersprungshandlungen«, durch die wenig Neues entsteht, sondern in denen der Zeus-Mann die ihm zugemutete Entwicklung meist nur vermeidet. Außer daß er der Hera-Frau und den Kindern damit schweres Unrecht zufügt und Schuld auf sich lädt, geschieht nichts als die Wiederholung des alten Dreiecks. Das Dionysische wäre genauso verraten wie im überlieferten Mythos.

Meine zweite negative Feststellung ist, daß Dionysos ebenfalls nicht zum Leben käme, wenn Zeus mit Semele *und* Hera ein »göttliches Dreigestirn« bilden, also das Dreieck als offizielle Beziehungsform etablieren würde. Dies ist eine in der Anfangssituation der Verliebtheit oft auftauchende Phantasie: ein friedliches Zusammenleben zu dritt. Zeus-Mann und Semele-Geliebte können sich das anfangs oft sehr gut vorstellen: die Hera-Frau einfach mit hineinzunehmen. Die Geliebte empfindet durchaus nicht immer Eifersucht. Sie will weder der Frau den Mann noch dem Mann die Frau wegnehmen; und der Zeus-Mann hegt auch noch keine Aggressionen; oft entdeckt er gerade zu dieser Zeit neue und zärtliche Gefühle für seine Frau. Er möchte sie nicht verletzen, geschweige denn verlieren. Auch gibt es durchaus Hera-Frauen, die sich darauf einlassen möchten, entweder, weil ihnen ihr Mann tatsächlich auch liebenswerter erscheint, seit er die Geliebte hat, oder aber, weil sie sonst fürchten, ihn ganz zu verlieren. Dieses »Zusammenleben zu dritt« ist eine schöne Phantasie. Warum sollte sie eigentlich nicht zu verwirklichen sein? Ist es nicht wieder unsere patriarchal geprägte, auf Klarheit und Überschaubarkeit festgelegte Einstellung, die solchen Beziehungsformen keine Chance gibt? Ich will nicht bestreiten, daß wir, was Vielfalt der Beziehungsformen zwischen Mann und Frau angeht, einen sehr eingeengten Horizont haben. Allerdings bin ich sicher, daß ein bruchloser Übergang von der Zweier-

in eine Dreierbeziehung und die Vorstellung vom friedlichen In-, Mit- und Nebeneinander zum Scheitern verurteilt sind. So, wie ich dieser Vorstellung begegne, ist sie meist eine sehr regressiv-kindliche Phantasie. Es ist der Versuch, Dionysos zu verniedlichen. Was durch ihn bei allen dreien aufgebrochen ist, ist so tief und erschütternd, daß man es nicht schnell wieder in ein friedliches Zusammenleben einfangen kann. Da, wo es versucht wird, geht es sehr bald mindestens auf Kosten eines der drei, und Eifersüchteleien, offene oder versteckte Feindseligkeiten machen dem Experiment schnell ein Ende.

Wenn das eine nichts bringt und das andere nicht geht, was könnte es dann heißen, sich in der Dreiecksbeziehung auf Dionysos einzulassen? Geleitet von dem, was Dionysos in der Überlieferung der Griechen verkörpert[34], möchte ich darauf drei Antworten geben.

Dionysos ist weder ein Gott der freundlichen Harmonie, der niemandem weh tut, noch ist er ein Gott der schnellen Lösungen, die die alten Ordnungen rasch wiederherstellen. Dionysos – das mag unserem Bewußtsein, das diesen Gott nur mehr als Nachkommen des Zeus sieht, verlorengegangen sein – ist ein Gott des Leidens und des Sterbens, ein Gott, der immer wieder zugrunde geht. Sich auf ihn einlassen heißt, mit dem Tod Bekanntschaft zu machen. Semele lernt diesen Tod kennen – schon bevor sie am Blitz des Zeus verbrennt. Schon vorher nämlich läßt sie die »heimliche Geliebte« sterben: mit ihrem Wunsch, den Zeus in seiner wahren Gestalt zu sehen. Damit gibt sie das heimliche Dunkel auf, läßt den frühlingshaften Anfang los. Sie nimmt Abschied von der strahlenden Kind-Frau, in die manche Geliebte ihrerseits so verliebt sind, daß sie sie nicht loslassen können, weil ihr ein besonderer Charme, ein besonderer Zauber, eben der Zauber des Anfangs, zu eigen ist. Semele macht den Schritt vom Frühling in den Sommer, von der Tochter zur Frau. Sie läßt damit zugleich ihren Vater los und sich als sein Kind.

Was würde es heißen, wenn auch Zeus und Hera sich auf diesen Dionysos des Todes einließen? Vielleicht müßten sie als erstes die Vorstellung sterben lassen, sie führten eine Ehe, in der doch alles in Ordnung sei. Sie müßten die Fassade, die saubere, schöne oder sogar großartige Fassade, einstürzen lassen – ein Tod, den zu sterben viele Zeus-Männer und Hera-Frauen nicht übers Herz bringen. Denn Hera und Zeus müßten ja dann von ihrem Thron herunter. Hera-Frauen sind in der Dreiecksbeziehung oft damit konfrontiert, wie sehr sie in ihrem Leben die sinnliche Seite ihres Frau-Seins abgewertet haben: Sich schön machen, verführerisch sein, sich sexuellen Gefühlen überlassen, sich hin-geben, außer sich geraten, damit wollen sie nichts zu tun haben. Sie sind anständige, angesehene Frauen. Sich mit all dem wieder zu befassen, ihren Mangel und Verlust einzugestehen, das ist für viele wahrlich ein »Heruntersteigen vom Thron«. Ähnlich beim Zeus-Mann: Er müßte vielleicht sein – offiziell unangetastetes – Göttervater-Image vor sich oder auch vor anderen aufgeben. Vielleicht kann ihn das sogar die berufliche Stellung kosten oder jedenfalls den guten Ruf in seinen Kreisen. Er würde dann den »kleinen Jungen« spüren, der sich hinter diesem

Image verschanzte, der Angst hat vor Frauen, der Angst hat vor strafenden Autoritäten, den die Panik packt, wenn die äußeren Sicherheiten ins Wanken geraten.

Außer diesem »persönlichen Tod« stünde für Hera-Frau und Zeus-Mann wohl auch an, ihre Beziehungsansprüche aneinander sterben zu lassen. Damit meine ich nicht Trennung, sondern ich meine: sich gegenseitig loslassen. Miteinander verschmelzen, einander festhalten wollen, sich loslassen müssen: diese Phasen haben wir als notwendige Stadien jeder Liebesbeziehung erwähnt. Beim Zeus-Mann und der Hera-Frau ist das Festhalten-Wollen schon lange zum gegenseitigen Besitzanspruch geworden. Dieser muß nun sterben. Vielleicht müßte die Hera-Frau sagen: »Es zerreißt mir fast das Herz. Aber ich sehe und fühle: Du liebst die andere. Ich kann deine Gefühle nicht ändern. Ich kann deine Liebe nicht erzwingen.« Selbstmorddrohungen, Zusammenbrüche, Depressionen sind aus der konkreten Situation sicherlich oft einfühlbar, aber sie sind – in sich betrachtet – schlimme Versuche, sich diesem Tod zu verweigern. Für den Zeus-Mann wiederum wäre es vielleicht dran zu sagen: »So sind meine Gefühle. Das fehlt in unserer Beziehung. Und das, habe ich erkannt, brauche ich, um leben zu können. Vielleicht bist du jetzt so verletzt, daß du von deiner Seite mit mir Schluß machst. Davor habe ich Angst, aber auf keinen Fall will ich dich mit einer Lüge bei mir halten.« Die Art der Zeus-Männer, diesen Tod zu vermeiden, besteht oft darin, zu beschwichtigen und schönzufärben, anstatt die schmerzhafte Realität zu benennen.

Dionysos ist der Gott des Leidens und Sterbens. Er löst die erstarrten Formen auf, damit wieder Neues entstehen kann. Für Semele, Hera und Zeus würde das heißen: Sie müßten ihre bisherigen Beziehungsformen für gestorben erklären. Nicht nur Semele und Zeus ihre »heimliche Liebe«, sondern auch Zeus und Hera ihre »offizielle Liebe«. Damit ist – nochmals sei es gesagt – nicht Trennung gemeint, sondern: Alles müßte wieder offen sein. Eine neue Entwicklung könnte dann einsetzen.

Das Leiden und Sterben des Dionysos dient dem Leben. Es bedeutet, daß alte, starr gewordene Formen vergehen und Wandlung möglich wird. Dionysos ist ein Gott des Sterbens, weil er – und das ist das zweite, was er verkörpert – ein Gott des Wandels ist. Sich auf ihn einlassen, das würde für alle drei, Semele, Zeus und Hera, bedeuten, aus dem Sterben und Loslassen in einen intensiven persönlichen Wandlungsprozeß hineinzukommen, dessen Ausgang offen ist. Dafür wäre es nötig, die offene Form offen, die undefinierte Beziehungssituation undefiniert zu lassen, wenigstens eine Zeitlang, auch wenn es nicht leicht ist, das auszuhalten. In dieser Zeit müßten die drei sich dem widmen, was in der Auseinandersetzung um die Dreiecksbeziehung bei jedem von ihnen an unerledigten Fragen aufgeworfen wurde. Die heutigen Zeus-Männer, Semele-Geliebten und Hera-Frauen haben dafür ein so reiches Angebot an Therapie- und Selbsterfahrungsmöglichkeiten, daß niemand mehr sagen kann, es gebe für ihn diesbezüglich keine Hilfe.

Für die Semele-Geliebte stünde wohl an, die Hera-Seiten in sich selbst zu entdecken und bei sich zu integrieren, denn diese Seiten auf ihre Weise zu leben, das hat sie ja bisher vermieden. Für den Zeus-Mann könnte es darauf ankommen, sich des »kleinen Jungen« anzunehmen, sich mit seinem Kronos-Vater und der Dominanz seiner Rhea-Mutter auseinanderzusetzen und dem Weiblichen in sich, das durch die Geliebte wach geworden ist, auf die Spur zu kommen. Die Hera-Frau schließlich hätte vielleicht die Aufgabe, ihre Vater-Beziehung aus dem Dunkel zu holen und die verdrängte Semele in sich selbst zu entdecken und sich mit ihr anzufreunden.

Mit diesem persönlichen Wandlungsprozeß könnte dann auch ein Wandlungsprozeß in den Vorstellungen über Beziehung zwischen Mann und Frau einsetzen. Es könnte deutlich werden, daß Beziehungen eine Geschichte haben, daß sie in einer bestimmten Form sterben und sich in andere Formen wandeln müssen. Es könnte sein, daß Zeus-Mann und Hera-Frau entdecken, daß es zum Beispiel der Sinn ihrer Beziehung war, ihre Kinder miteinander großzuziehen, und es jetzt an der Zeit ist, auseinanderzugehen, als Eltern zwar verbunden zu bleiben, aber als Liebespartner einen neuen Weg zu suchen. Wir neigen dazu, in Beziehungsdingen einen Schwarzweiß-Standpunkt »alles oder nichts« einzunehmen: »Entweder ich besitze dich ganz, oder es ist aus zwischen uns.« Dionysos in unser Leben zu lassen, das würde vielleicht auch bedeuten, dieses Bewußtsein zu wandeln: Elternbeziehung und Paarbeziehung müssen nicht immer zusammenfallen, jedenfalls nicht die ganze Zeit. Freundschaftsbeziehungen zwischen Mann und Frau müssen nicht immer Paarbeziehungen und erotische nicht immer sexuelle Beziehungen sein. Dionysos könnte uns lehren, den Totalanspruch, den wir in Beziehungen aneinander haben, aufzugeben und eine breitere und differenziertere Palette von Möglichkeiten der Beziehung zwischen Mann und Frau in den Blick zu bekommen.

Führt uns aber dieser Dionysos, der Gott des Wandels, auf diesem Weg nicht in das totale Beziehungschaos? Dionysos ist nicht nur der Gott des Sterbens, nicht nur der Gott des Wandels, sondern auch – und das ist das dritte – der Gott der Auferstehung zu neuem Leben. Er verbindet die Gegensätze und integriert Altes und Neues zu einem neuen Leben. Er verkörpert nicht nur das Lösende, Fließende, Auflösende, er repräsentiert auch die daraus erstehende und neu gestaltende Schöpferkraft. Was würde das für unsere Dreiecksbeziehung bedeuten? Vielleicht könnte es bedeuten, den Wandlungsprozeß mit unserem gestaltenden Willen und der Verantwortung für das, was wir geschaffen haben, zu verbinden. Das heißt, Zeus, Hera und Semele müßten für das, was in und zwischen ihnen entstanden ist, eine neue, schöpferische Form finden, in der auch das Alte, für das sie weiterhin verantwortlich sind, einen neuen Platz findet.

Das heißt, es gibt in diesem Wandlungsprozeß wohl den Zeitpunkt, an dem nicht mehr alles offen bleiben, sondern die Beziehungen neu definiert, neu geklärt und verbindlich gemacht werden müssen. Das trägt natürlich die Gefahr neuer Erstarrung in sich. Trotzdem kann dieser Schritt nicht vermieden werden, weil sonst die Beziehungen letztlich unverbindlich bleiben, oberflächlich werden und ihnen die letzte Ernsthaftigkeit dionysischer Hingabe verlorengeht.

Wie diese neuen Formen im einzelnen aussehen, das hängt von dem Prozeß ab, den die drei persönlich und miteinander durchgemacht haben. Es kann, muß aber nicht sein, daß der Zeus-Mann seine alte Ehe auflöst und mit der Geliebten eine neue Art fester Beziehung eingeht. Es muß nicht, kann aber auch sein, daß zwischen Zeus-Mann und Hera-Frau eine ganz neue Beziehung möglich wird, in der Dionysos Einzug hält. Es kann aber auch sein, daß alle drei einen neuen Weg ohne den anderen einschlagen »müssen« und daß der Zeus-Mann Semele begegnet ist, damit dies allen dreien möglich wurde.

Die neue schöpferische Form, welche die Beziehungen bekommen, wie immer sie auch aussehen mag, ist nötig, auch um das Alte, für das wir verantwortlich bleiben, neu zu integrieren. Damit sind nicht allein, aber auch vor allem die gemeinsamen Kinder angesprochen. Diese Kinder brauchen einen neuen Lebensraum, der den veränderten Bedingungen entspricht. Das gilt vor allem, wenn die Eltern sich trennen. Es ist gewiß eine Ideologie der Zeus-Ordnung, daß sie dann grundsätzlich immer Schaden leiden müßten. Sie leiden Schaden nur dann, wenn die Eltern oder einer von beiden sich der Aufgabe, diesen neuen Lebensraum zu schaffen, verweigern. Diese Aufgabe bedeutet, zu klären, bei wem die Kinder leben und wie der Kontakt zum getrennten Elternteil zu gestalten ist.[35] Hier vernünftige Regelungen zu treffen, das ist um so eher möglich, je intensiver die Eltern sich dem persönlichen Prozeß gestellt

haben, der durch die Geliebte bei allen dreien angestoßen wurde.

Da, wo sich die Beteiligten dem, was durch eine
Dreiecksbeziehung angestoßen wird, wirklich stellen, beginnt ein umfassender Verwandlungs- und Er-
neuerungsprozeß. Es ist schwierig, diesen Prozeß zu
vollziehen. Wir haben dafür wenig Hilfen, wenig
Vorbilder, keine Traditionen. Vielleicht kann Dionysos, der Gott des Sterbens, der Gott des Wandels
und der Gott der steten Erneuerung, ein Führer für
uns sein. Und vielleicht entdecken wir, daß Christus
ihm viel näher steht, als wir bislang gemeint haben.

Anmerkungen

1 Vgl. K. Kerényi, Die Mythologie der Griechen. Bd. 1: Die Götter- und Menschheitsgeschichten. dtv Taschenbuch 1345, München 1966, S. 201–204
R. v. Ranke-Graves, Griechische Mythologie. Quellen und Deutung, Reinbek 1984, S. 46 f.
2 Programmheft zur Oper Semele von G. F. Händel, Ludwigsburger Schloßfestspiele, Ludwigsburg 1985
3 J. L. Martinoty, Une histoire de Sémélé, in: Beiheft zur Schallplatte Semele, SRATO STU 714453, 1983, S. 5
4 Programmheft der Ludwigsburger Schloßfestspiele, S. 46
5 Beiheft zur Schallplatte, S. 6
6 Genesis 32, 23–33
7 A. Hüper, Die andere Frau, in: Psychologie heute, Mai 1986, S. 20–27
M. Weber-Nau, Zärtlichkeit und der Blick auf die Uhr. Gefühle und Geduld: die Geliebte. In: Frankfurter Rundschau v. 6. 9. 86, S ZB 5 Serie in der Illustrierten »Stern«, Herbst 86–Frühjahr 87. Erscheint demnächst als Buch.
8 V. Kast, Paare. Beziehungsphantasien oder Wie Götter sich in Menschen spiegeln. Stuttgart 1984, S. 85–102
9 M. White, Ehetherapie: Praktischer Zugang zu langwierigen Problemen. In: Zeitschr. »Familiendynamik«, Bd. 10, 1985, S. 210–222
10 E. Albee, Wer hat Angst vor Virginia Woolf, Fischer-Bücherei, Frankfurt 1963
11 M. White, a.a.O., S. 208–211
12 Programmheft der Ludwigsburger Schloßfestspiele, S. 46
13 Der Ich-Zustand des »freien Kindes« spielt im Persönlichkeitsmodell der Transaktionsanalyse von Eric Berne eine zentrale Rolle. Vgl. dazu R. Rogoll, Nimm dich, wie du bist! Eine Einführung in die Transaktionsanalyse, Herder TB 593, Freiburg 1976, S. 13–29
14 Maria Filid in der Frankfurter Rundschau vom 6. 9. 1986, S ZB 5
15 Zum folgenden vgl. V. Kast, a.a.O., S. 92 f.

126

16 K. Kerényi, a.a.O., S. 24–26

17 ebenda, S. 77 f.

18 E. Neumann, Amor und Psyche. Deutung eines Märchens, Olten 1971

19 vgl. E. Berne, Spiele der Erwachsenen, Rowohlt Taschenbuch, Hamburg 1970

20 R. Rogoll, a.a.O., S. 55

21 Programmheft der Ludwigsburger Schloßfestspiele, S. 46

22 Kerényi, a.a.O., S. 197–215

23 L. Fierz-David, Psychologische Betrachtungen zu der Freskenfolge der Villa dei Misteri, Zürich 1957, S. 12–14

24 ebenda, S. 14

25 R. v. Ranke-Graves, a.a.O., S. 96

26 H. Hesse, Stufen, aus: Gesammelte Schriften, Band 5, Frankfurt 1978, S. 786

27 H. v. Hofmannsthal, Der Schwierige, Lustspiel in drei Akten, Fischer Taschenbuch 7111, Frankfurt 1987, S. 64

28 R. M. Rilke, Sämtl. Werke, Bd. I, Wiesbaden 1955, S. 313

29 Programmheft der Ludwigsburger Schloßfestspiele, S. 45

30 E. Neumann, a.a.O., S. 61–164

31 K. Kerényi, a.a.O., S. 47–48

32 ebenda, S. 204

33 R. v. Ranke-Graves, a.a.O., S. 47–48

34 K. Kerényi, a.a.O., S. 197–215
L. Fierz-David, a.a.O., S. 12–14

35 V. Krähenbühl, H. Jellouschek, M. Kohaus-Jellouschek, R. Weber, Stieffamilien. Struktur, Entwicklung, Therapie, Freiburg 1986

Sieben Schritte zu einer glücklichen und dauerhaften Partnerschaft

Jahrzehntelange Erfahrungen als Paartherapeut faßt der Autor zusammen und gibt in der Praxis erprobten Rat für Paare, die ihre anfängliche Liebe lebendig halten und ein glückliches Leben führen wollen. Es geht dabei weder um Moral noch um Ideale, sondern um eine realitätsnahe und dabei wirksame Kultur des Alltags.

Hans Jellouschek
Die Kunst als Paar zu leben
160 Seiten, Hardcover mit Schutzumschlag